一本书搞懂融资常识

李旭升 主编

化学工业出版社
·北京·

《一本书搞懂融资常识》全面系统地介绍了融资概述、企业融资常识、企业融资流程、股权融资、贷款融资、债券融资、融资租赁、典当融资、股票融资、众筹融资、P2P融资、天使投资等内容。采用模块化设置，条理清晰，语言精准简洁，深入浅出，读者可以简单明了地了解融资的实际运作过程，是一本实用型的工具书。

《一本书搞懂融资常识》一书内容全面，适合了解或准备进入投资融资领域的有识之士阅读。

图书在版编目（CIP）数据

一本书搞懂融资常识/李旭升主编．—北京：化学工业出版社，2018.1（2024.6重印）
ISBN 978-7-122-31138-2

Ⅰ.①一⋯ Ⅱ.①李⋯ Ⅲ.①企业融资-基本知识 Ⅳ.①F275.1

中国版本图书馆CIP数据核字（2017）第302323号

责任编辑：陈　蕾　　　　　　　　　　装帧设计：尹琳琳
责任校对：边　涛

出版发行：化学工业出版社（北京市东城区青年湖南街13号　邮政编码100011）
印　　装：涿州市般润文化传播有限公司
710mm×1000mm　1/16　印张13¼　字数245千字　2024年6月北京第1版第6次印刷

购书咨询：010-64518888　　　　　　　　售后服务：010-64518899
网　　址：http://www.cip.com.cn
凡购买本书，如有缺损质量问题，本社销售中心负责调换。

定　价：58.00元　　　　　　　　　　　　　　　版权所有　违者必究

前言 PREFACE

资金是企业经济活动的第一推动力。企业能否获得稳定的资金来源、及时足额筹集到生产要素组合所需要的资金,对经营和发展至关重要。资金是企业体内的血液,是企业进行生产经营活动的必要条件,没有足够的资金,企业的生存和发展就没有保障。因此,企业融资与资金供给制度、金融市场、金融体制和债信文化有着密切的关系。

融资作为企业获得资金支持最重要的途径,可以帮助企业迅速扩大规模,提升知名度,增强竞争力,为企业迅速跨入大型企业的行列增添助力。

融资是一个企业的资金筹集的行为与过程,也就是公司根据自身的生产经营状况、资金拥有的状况以及公司未来经营发展的需要,通过科学的预测和决策,采用一定的方式,从一定的渠道向公司的投资者和债权人去筹集资金,组织资金的供应,以保证公司正常生产需要、经营管理活动需要的理财行为。公司筹集资金的动机应该遵循一定的原则,通过一定的渠道和一定的方式去进行。我们通常讲,企业筹集资金无非有三大目的:企业要扩张、企业要还债以及混合动机(扩张与还债混合在一起的动机)。

从广义上说,融资也叫金融,就是货币资金的融通,即当事人通过各种方式到金融市场上筹措或贷放资金的行为。从现代经济发展的状况来看,作为企业需要比以往任何时候都更加深刻、全面地了解金融知识,了解金融机构,了解金融市场,因为企业的发展离不开金融的支持,企业必须与之打交道。

"创业的启动资金从哪里来?""企业发展的资金从哪里来?"这是每个打算创业和已经创业的创业者都在思考的问题。创业者想让自己一飞冲天,一鸣惊人,毫无疑问,融资是成功的关键。融资不易,风险与机遇并存。天使投资、风险融资、私募融资、银行贷款、民间融资、互联网金融,到底哪一种渠道适合你呢?

《一本书搞懂融资常识》全面系统地介绍了融资概述、企业融资常识、企业融资流程、股权融资、贷款融资、债券融资、融资租赁、典当融资、股票融资、众筹融资、P2P融资、天使投资等内容。本书删繁就简,深入浅出,以初级读本为资料来源,使读者可以简单明了地了解融资的实际运作过程,是一本不可多得的实用工具书。

本书最大的特色是采用模块化设置，条理清晰，接地气，每章通过导言引入，对于融资的基础知识做了浅显易懂的介绍；文中加入了"微视角""相关链接"等栏目，对各知识点进行丰富和拓展；同时，充分考虑到现代人快节奏、高压力的工作方式，去"理论化"而重实际操作性，所有知识点使用精确而简洁的方式进行描述。

本书由深圳市首创投资有限责任公司董事长李旭升主编，参与编写和提供资料的还有丁红梅、王红、王纪芳、王月英、王群国、王建伟、陈秀琴、陈运花、陈宇、刘建忠、刘俊、刘雪花、刘云娇、李敏、李宁宁、张丽、张桂秀、张巧林、马丽平、郑时勇、罗玲、齐艳茹、赵艳荣、何春华、黄美、赵慧敏、匡仲潇。全书最终由李旭升统稿、审核完成。在此，对他们付出的劳动一并表示感谢！

由于时间和水平所限，书中难免有疏漏和不妥之处，敬请广大专家、读者指正。

编　者

目录 CONTENTS

第一章 融资概述 ··· 1

企业在不同的发展阶段,面对变化的经济形势和行业状态,对资金的需求有着不同的诉求和价值。企业融资也不是简单的需要多少钱的问题。成功的企业都是懂得在何时用何种方式达到何种目的的"聪明"企业。

一、融资的概念 ··· 2
二、融资的目的 ··· 2
三、融资的主体 ··· 3
四、融资的原则 ··· 3
五、融资的方式 ··· 10
　　相关链接　债权融资与股权融资的区别 ··· 11
六、融资的阶段 ··· 12
　　相关链接　企业各个阶段融资策略解析 ··· 13

第二章 企业融资常识 ··· 17

企业的发展,是一个融资、发展、再融资、再发展的过程。资金是企业体内的血液,是企业进行生产经营活动的必要条件,没有足够的资金,企业的生存和发展就没有保障。而融资则可以筹措企业生存和发展所必需的资金。

一、企业融资的概念 ·· 18

二、企业融资的方式 ·· 18

三、中小企业融资的意义 ·· 18

四、中小企业融资的特点 ·· 19

五、中小企业融资的现状 ·· 20

六、中小企业融资难的原因 ·· 21

七、解决中小企业融资难的措施 ··· 23

  相关链接 如何拓宽中小企业的融资渠道 ······························ 26

八、中小企业的融资策略 ·· 29

  相关链接 企业融资中遇到的十大误区 ·· 31

九、影响企业选择融资方式的因素 ·· 33

第三章 企业融资流程 ··· 37

  资金是企业正常生产经营运转所必须的"血液"或"润滑剂"。很多企业在资金缺乏的时候都会选择融资，但是中小企业融资并不是易事，为了确保中小企业融资的成功，企业家要熟知融资流程。

一、撰写融资计划书 ·· 38

  相关链接 撰写融资计划书的注意事项 ·· 40

二、找到投资人 ·· 40

  相关链接 如何与投资人搞好关系 ·· 43

三、项目路演 ·· 44

  相关链接 融资路演技巧大揭秘 ·· 47

四、与投资人谈判 ·· 49

  相关链接 融资谈判需掌握的谈判技巧 ·· 52

五、签订投资意向书 ·· 53

第四章 股权融资 ……………………………………………… 57

国家"十二五"规划中明确提出：要提高直接融资比重，发挥好股权投资等直接融资工具的重要作用，引导更多社会资本进入股权投资领域，促进实体经济发展。国家全力推进多层次资本市场建设的政策举措，为股权投资基金和股权投资行业提供了前所未有的发展机遇。

一、股权融资的概念 ……………………………………………… 58
二、股权融资的特点 ……………………………………………… 58
三、股权融资的优势 ……………………………………………… 58
四、股权融资的方式 ……………………………………………… 59
五、风险投资 ……………………………………………………… 60
六、私募股权融资 ………………………………………………… 65
七、上市融资 ……………………………………………………… 69
八、股权融资的风险 ……………………………………………… 74
九、股权融资的风险防范 ………………………………………… 75

第五章 贷款融资 ……………………………………………… 77

向金融机构申请贷款是企业融资的主要方式，这种方式不是发债，也不是发股，就是从贷款机构申请贷款来实现融资的目的而已。

一、贷款融资的概念 ……………………………………………… 78
二、贷款融资的特点 ……………………………………………… 78
三、贷款融资的条件 ……………………………………………… 79
四、综合授信贷款 ………………………………………………… 80

相关链接 中国银行的特色贷款融资——授信额度 ································ 80

五、信用担保贷款 ·· 83

相关链接 我国小微企业融资信用担保的现状 ································ 85

六、自然人担保贷款 ·· 87

相关链接 农商银行的自然人保证贷款 ·· 88

七、个人委托贷款 ·· 89

相关链接 中国工商银行的个人委托贷款 ····································· 91

八、票据贴现贷款 ·· 93

相关链接 交通银行的商业汇票快捷贴现 ····································· 95

九、知识产权质押贷款 ··· 96

相关链接 招商银行的知识产权质押贷 ·· 97

十、异地联合协作贷款 ··· 98

第六章 债券融资 ·· 101

企业债券融资作为外源融资的主要方式之一,在企业发展中起到越来越重要的作用,因为由企业自主发债融资,既能分流银行储蓄和减少贷款需求从而降低银行风险,又能有效改善企业资本结构,降低融资成本。

一、债券融资的概念 ··· 102

二、债券融资的作用 ··· 102

三、债券融资的优缺点 ·· 102

四、债券融资与信贷融资的区别 ·· 104

五、债券融资的策略 ··· 105

六、债券融资的种类 ··· 107

七、企业债券融资 ··· 108

八、公司债券融资 ……………………………………………… 110

九、中小企业集合债 …………………………………………… 114

十、中小企业私募债券 ………………………………………… 118

第七章　融资租赁 ……………………………………………… 121

融资租赁的独有特征，体现了它作为一种新型融资方式在现代社会经济生活中，将会扮演越来越重要的角色，它的发展将会带动整个企业的发展，为中小企业提供一条生存之道、发展之道。

一、融资租赁的概念 …………………………………………… 122

二、融资租赁的特征 …………………………………………… 122

三、融资租赁的优缺点 ………………………………………… 123

四、融资租赁的模式 …………………………………………… 124

五、融资租赁的意义 …………………………………………… 127

六、租赁融资的基本要素 ……………………………………… 129

七、融资租赁的项目评估 ……………………………………… 129

八、融资租赁业务的办理程序 ………………………………… 132

九、租赁融资的风险 …………………………………………… 134

十、防控融资租赁风险的措施 ………………………………… 135

第八章　典当融资 ……………………………………………… 139

随着市场经济不断完善和发展，典当不断满足我国老百姓和中小企业对资金的不同需求，较好地弥补了银行、小贷公司等其他融资机构的不足，已成为我国以金融业为主体的整个社会融资体系的有益补充。

一、典当融资的概念 ································· 140
　　相关链接　典当服务操作的术语 ················· 140
二、典当融资的特点 ································· 141
　　相关链接　典当的范围 ························· 142
三、典当融资的优势 ································· 142
四、典当融资的意义 ································· 143
五、典当融资的操作流程 ······························ 143
六、如何选择典当机构 ······························ 144
七、典当融资的技巧 ································· 146
八、典当融资的注意事项 ····························· 147
九、典当融资的风险管理 ····························· 148

第九章　股票融资 ································· 149

　　股票融资只为做股票时间较长有经验的客户提供炒股资金，让股票客户能够在自己有限本金的基础上迅速扩大资金量，从而可能让自己在股票投资中迅速盈利，最终实现股票客户、理财客户和公司三方达到共赢。

一、股票融资的概念 ································· 150
二、股票融资的优点 ································· 150
三、股票融资的缺点 ································· 151
四、股票融资的方式 ································· 151
五、融资融券交易 ··································· 151
六、股票质押式回购交易 ····························· 157
七、约定购回式证券交易 ····························· 159
　　相关链接　融资融券、股票质押回购、约定购回三者之间
　　　　　　　的区别 ······························· 160

第十章 众筹融资 163

相对于传统的融资方式，众筹更为开放，能否获得资金也不再是由项目的商业价值作为唯一标准。只要是网友喜欢的项目，都可以通过众筹方式获得项目启动的第一笔资金，为更多小本经营或创作的人提供了无限的可能。

一、众筹融资的概念 164
二、众筹融资的作用 164
三、众筹融资的优势 165
四、众筹融资的缺点 166
五、众筹融资的流程 167
六、众筹融资的模式 169
七、股权众筹 170
八、债权众筹 175
九、回报众筹 177
十、捐赠众筹 179

第十一章 P2P融资 183

随着网络时代的迅速发展以及民间小额贷款形式的蓬勃兴起，P2P网络信贷也作为一种平台模式在互联网间扩展开来，它为借款人和投资人提供一个融资平台，为促进双方达成协议提供中介服务，这一过程中的资料、资金、合同、手续等全部通过网络实现。

一、P2P融资的概念 184
二、P2P融资的优势 184
三、P2P的运营模式 184

四、P2P的融资流程 ……………………………………………………… 186
五、P2P融资的注意事项 ………………………………………………… 187
六、P2P融资的风险 ……………………………………………………… 187
　　相关链接　投资者如何规避P2P融资的风险 …………………… 188

第十二章　天使投资 …………………………………………………… 191

在创业和投资圈，有一种投资人被创业者称为"天使投资人"，意思是这些投资人给处于困难之中的创业者带来希望和帮助，是帮助他们渡过难关的"天使"，这个称谓表达出了创业者对这些天使投资人的崇敬和尊重。

一、天使投资的概念 ……………………………………………………… 192
二、天使投资的优势 ……………………………………………………… 192
三、天使投资的劣势 ……………………………………………………… 193
四、天使投资人 …………………………………………………………… 193
五、创业者如何获得天使投资 …………………………………………… 195
　　相关链接　如何获得天使投资人的青睐？ ……………………… 196

参考文献 ………………………………………………………………… 199

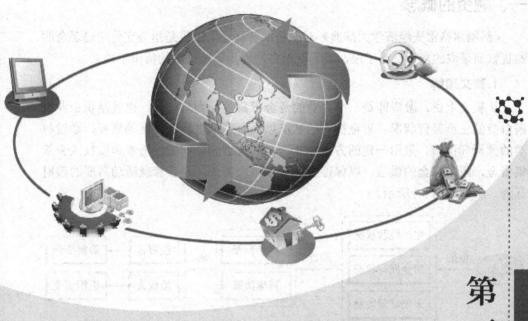

第一章 融资概述

导言

　　企业在不同的发展阶段，面对变化的经济形势和行业状态，对资金的需求有着不同的诉求和价值。企业融资也不是简单的需要多少钱的问题。成功的企业都是懂得在何时用何种方式达到何种目的的"聪明"企业。

一、融资的概念

《新帕尔格雷夫经济学大辞典》对融资的解释是：融资是指为支付超过现金的购货款而采取的货币交易手段，或为取得资产而集资所采取的货币手段。

1.狭义理解

从狭义上讲，融资即是一个企业的资金筹集的行为与过程，也就是说企业根据自身的生产经营状况、资金拥有的状况以及企业未来经营发展的需要，通过科学的预测和决策，采用一定的方式，从一定的渠道向企业的投资者和债权人去筹集资金，组织资金的供应，以保证企业正常生产需要，经营管理活动需要的理财行为。具体如图1-1所示。

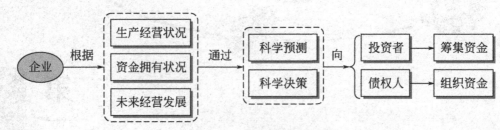

图1-1 融资的概念

2.广义理解

从广义上讲，融资也叫金融，就是货币资金的融通，指当事人通过各种方式到金融市场上筹措或贷放资金的行为。

二、融资的目的

从发展的角度来看，资金对每个企业都是稀缺资源，而企业的生产经营、资本经营和长远发展时时刻刻又离不开资金。因此，如何有效地进行融资就成为企业财务管理部门一项极其重要的基本活动。

虽然企业进行融资的基本目的是为了自身生产与资本经营的维持和发展，但是就其每一项具体的融资活动而言通常要受特定动机的驱使，具体如图1-2所示。

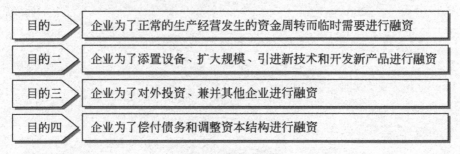

图1-2 融资的目的

微视角

无论企业的融资活动受何种动机驱使,最终都是为了获取经济效益,实现股东价值最大化。

三、融资的主体

融资主体是指进行融资活动,承担融资责任和风险的项目法人单位。确定项目的融资主体应该考虑项目投资的规模和行业的特点、项目自身的盈利能力等因素。一般来说,融资主体可分为两类,具体如图1-3所示。

图1-3 融资主体的分类

1. 既有法人融资

在下列情况下,为既有法人融资。

(1)既有法人具有为项目进行融资和承担全部融资责任的经济实力。

(2)项目与既有法人的资产以及经营活动联系密切。

(3)项目的盈利能力较差,但项目对整个企业的持续发展具有重要作用,需要利用既有法人的整体资信获得债务资金。

2. 新设法人融资

在下列情况下,为新设法人融资。

(1)拟建项目的投资规模较大,既有法人不具有为项目进行融资和承担全部融资责任的经济实力。

(2)既有法人财务状况较差,难以获得债务资金,而且项目与既有法人的经营活动联系不密切。

(3)项目自身具有较强的盈利能力,依靠项目自身未来的现金流量可以按期偿还债务。

四、融资的原则

中小企业在正式融资之前要制订一个指导企业融资行为的融资计划书,其中包括融资决策的指导原则和其他一些融资行为准则，目的在于确保企业融资活动顺利进行。具体如图1-4所示。

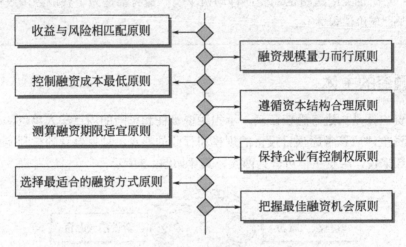

图1-4 融资的原则

1. 收益与风险相匹配原则

企业融资的目的是将所融资金投入企业运营，最终获取经济效益，实现股东价值最大化。在每次融资之前，企业往往会预测本次融资能够给企业带来的最终收益，收益越大往往意味着企业利润越多，因此融资总收益最大似乎应该成为企业融资的一大原则。

然而，"天下没有免费的午餐"，实际上在融资取得收益的同时，企业也要承担相应的风险。对企业而言，尽管融资风险是不确定的，可一旦发生，企业就要承担百分之百的损失了。

因此企业在融资的时候千万不能只把目光集中于最后的总收益如何，还要考虑在既定的总收益下，企业要承担怎样的风险以及这些风险一旦演变成最终的损失，企业能否承受。即融资收益要和融资风险相匹配。

2. 融资规模量力而行原则

确定企业的融资规模，在企业融资过程中也非常重要。筹资过多，可能造成资金闲置浪费，增加融资成本；或者可能导致企业负债过多，使其无法承受，偿还困难，增加经营风险。

而如果企业筹资不足，又会影响企业投融资计划及其他业务的正常开展。因此，企业在进行融资决策之初，要根据企业对资金的需要、企业自身的实际条件以及融资的难易程度和成本情况，量力而行来确定企业合理的融资规模。

融资规模的确定一般要考虑图1-5所示的两个因素。

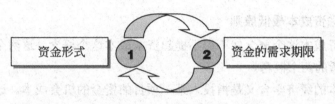

图 1-5　确定融资规模需考虑的因素

（1）资金形式　一般来讲企业的资金形式主要包括固定资金、流动资金和发展资金。具体如表 1-1 所示。

表 1-1　企业的资金形式

序号	资金形式	具体说明
1	固定资金	固定资金是企业用来购买办公设备、生产设备和交通工具等固定资产的资金，这些资产的购买是企业长期发展所必需的；但是这些生产必需设备和场所的购买一般会涉及较大资金需求，而且期限较长
2	流动资金	流动资金是用来支持企业在短期内正常运营所需的资金，因此也称营运资金，比如办公费、职员工资、差旅费等
3	发展资金	发展资金是企业在发展过程中用来进行技术开发、产品研发、市场开拓的资金

表 1-1 内容说明：

① 中小企业由于财力薄弱应尽可能减少固定资金这方面的投资，通过一些成本较少，占用资金量小的方式来满足生产需要，比如初创的中小企业可以通过租赁的方式来解决生产设备和办公场所的需求。

② 结算方式和季节对流动资金的影响较大，为此中小企业管理人员一定要精打细算，尽可能使流动资金的占用做到最少。由于中小企业本身经营规模并不大，因此对流动资金的需求可以通过自有资金和贷款的方式解决。

③ 发展资金需求量很大，仅仅依靠中小企业自身的力量是不够的，因此对于这部分资金可以采取增资扩股、银行贷款的方式解决。

（2）资金的需求期限　不同的企业、同一个企业不同的业务过程对资金需求期限的要求是不同的，比如，高科技企业由于新产品从推出到被社会所接受需要较长的过程，对资金期限一般要求较长，因此对资金的需求规模也大，而传统企业由于产品成熟，只要质量和市场开拓良好，一般情况下资金回收也快，这样实际上对资金的需求量也较少。

中小企业在确定融资规模时一定要仔细分析本企业的资金需求形式和需求期限，做出合理的安排，尽可能压缩融资的规模，原则是：够用就好。

3.控制融资成本最低原则

提起融资成本这个概念就不得不提起资本成本这个概念,这两个概念也是比较容易被混淆的两个概念。

资本成本的经济学含义是指投入某一项目的资金的机会成本。这部分资金可能来源于企业内部,也可能是向外部投资者筹集的。

但是无论企业的资金来源于何处,企业都要为资金的使用付出代价,这种代价不是企业实际付出的代价,而是预期应付出的代价,是投入资金的投资者希望从该项目中获得的期望报酬率。

而融资成本则是指企业实际承担的融资代价(或费用),包括两部分,具体如图1-6所示。

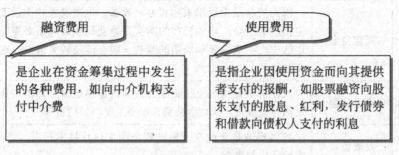

图1-6 融资成本包括的内容

企业资金的来源渠道不同,则融资成本的构成不同。

一般意义上讲,由于中小企业自身硬件和软件(专业的统计软件和专业财务人员)的缺乏,他们往往更关注融资成本这个比资本成本更具可操作性的指标。企业融资成本是决定企业融资效率的决定性因素,对于中小企业选择哪种融资方式有着重要意义。由于融资成本的计算要涉及很多种因素,具体运用时有一定的难度。一般情况下,按照融资来源划分的各种主要融资方式融资成本的排列顺序依次如图1-7所示。

图1-7 融资成本排序

4.遵循资本结构合理原则

资本结构是指企业各种资本来源的构成及比例关系,其中债权资本和权益资本的构成比例在企业资本结构的决策中居于核心地位。

企业融资时,资本结构决策应追求企业价值最大化。在企业持续经营假定的情况下，企业价值可根据未来若干期限预期收益的现值来确定。虽然企业预期收益受多种因素制约，折现率也会因企业所承受的各种风险水平不同而变化，但从筹资环节看，如果资本结构安排合理，不仅能直接提高筹资效益，而且对折现率的高低也起一定的调节作用，因为折现率是在充分考虑企业加权资本成本和筹资风险水平的基础上确定的。

最优资本结构是指能使企业资本成本最低且企业价值最大，并能最大限度地调动各利益相关者积极性的资本结构，如图1-8所示。

图1-8　企业的最优资本结构

企业价值最大化要求降低资本成本，但这并不意味着要强求低成本，而不顾筹资风险的增大，因为这同样不利于企业价值的提高。

> **微视角**
> 企业取得最佳资本结构的最终目的是为了提高资本运营效果，而衡量企业资本结构是否达到最佳的主要标准应该是企业资本的总成本是否最小、企业价值是否最大。

一般而言，收益与风险共存，收益越大往往意味着风险也越大。而风险的增加将会直接威胁企业的生存。因此，企业必须在考虑收益的同时考虑风险。企业的价值只有在收益和风险达到均衡时才能达到最大。企业的资本总成本和企业价值的确定都直接与现金流量、风险等因素相关联，因而两者应同时成为衡量最佳资本结构的标准。

5.测算融资期限适宜原则

企业融资按照期限来划分，可分为短期融资和长期融资。企业究竟是选择短期融资还是长期融资，主要取决于融资的用途和融资成本等因素。

（1）从资金用途来看，如果融资是用于企业流动资产，由于流动资产具有周期短、易于变现、经营中所需补充数额较小及占用时间短等特点，企业宜于选择各种短期融资方式，如商业信用、短期贷款等。

（2）如果融资是用于长期投资或购置固定资产，这类用途要求资金数额大、占用时间长，因而适宜选择各种长期融资方式，如长期贷款、企业内部积累、租赁融资、发行债券、股票等。

6.保持企业有控制权原则

企业控制权是指相关主体对企业施以不同程度的影响力。控制权的掌握具体体现在图1-9所示的三个方面。

体现一	控制者拥有进入相关机构的权利，如进入公司制企业的董事会或监事会
体现二	能够参与企业决策，并对最终的决策具有较大的影响力
体现三	在有要求时，利益能够得到体现，如工作环境得以改善、有权参与分享利润等

图1-9 企业掌握控制权的体现

在现代市场经济条件下，企业融资行为所导致的企业不同的融资结构与控制权之间存在着紧密联系。

融资结构具有明显的企业治理功能，它不仅规定着企业收入的分配，而且规定着企业控制权的分配，直接影响着一个企业的控制权争夺。

比如在债权、股权比例既定的企业里，一般情况下，股东或经理是企业控制权的拥有者；在企业面临清算、处于破产状态时，企业控制权就转移到债权人手中；在企业完全是靠内源融资维持生存的状态下，企业控制权就可能被员工所掌握（实际中股东和经理仍有可能在控制企业）。

由此可见上述控制权转移的有序进行，依赖于股权与债权之间一定的比例构成，而这种构成的变化恰恰是企业不同的融资行为所导致的。

企业融资行为造成的这种控制权或所有权的变化不仅直接影响到企业生产经营的自主性、独立性，而且还会引起企业利润分流，损害原有股东的利益，甚至可能会影响到企业的近期效益与长远发展。

比如，发行债券和股票两种融资方式相比较，增发新股将会削弱原有股东对企业的控制权，除非原股东也按相应比例购进新发股票；而债券融资则只增加企业的债务，并不影响原有股东对企业的控制权。

因此，在考虑融资的代价时，只考虑成本是不够的，管理者一定要掌握各种融资方式的特点，精确计算各种融资方式融资量对企业控制权会产生的影响，这样才能把企业牢牢地控制在自己的手中。

7.选择最适合的融资方式原则

中小企业在融资时通常有很多种融资方式可供选择，每种融资方式由于特点不同给企业带来的影响也是不一样的，而且这种影响也会反映到对企业竞争力的影响上。

企业融资通常会给企业带来图1-10所示的影响。

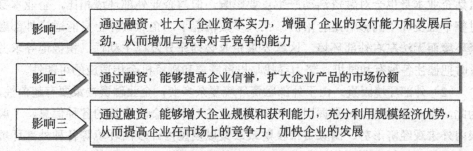

图1-10　融资带给企业的影响

但是，企业竞争力的提高程度，根据企业融资方式、融资收益的不同而有很大差异。

比如，通常初次发行普通股并上市流通融资，不仅会给企业带来巨额的资金，还会提高企业的知名度和商誉，使企业的竞争力获得极大提高。

再比如，企业想开拓国际市场，通过各种渠道在国际资本市场上融资，尤其是与较为知名的国际金融机构或投资人合作也能够提高自己的知名度，这样就可以迅速被人们认识，无形之中提高了自身形象，也增强了企业的竞争力，这种通过选择有实力融资合作伙伴的方法来提高企业竞争力的做法在国内也可以运用。

8. 把握最佳融资机会原则

所谓融资机会，是指由有利于企业融资的一系列因素所构成的有利的融资环境和时机。企业选择融资机会的过程，就是企业寻求与企业内部条件相适应的外部环境的过程。

从企业内部来讲，过早融资会造成资金闲置，而如果过晚融资又会造成投资机会的丧失。从企业外部来讲，由于经济形势瞬息万变，这些变化又将直接影响中小企业融资的难度和成本。

因此，中小企业若能抓住企业内外部的变化提供的有利时机进行融资，会使企业比较容易地获得资金成本较低的资金。

一般来说，中小企业融资机会的选择要充分考虑图1-11所示的几个方面。

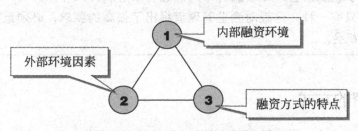

图1-11　选择融资机会要考虑的因素

（1）内部融资环境　由于企业融资机会是在某特定时间出现的一种客观环境，虽然企业本身也会对融资活动产生重要影响，但与企业外部环境相比，企业本身对整个融资环境的影响是有限的。在大多数情况下，企业实际上只能适应外部融资环境而无法左右外部环境，这就要求企业必须充分发挥主动性，积极地寻求并及时把握住各种有利时机，努力寻找与投资需要和融资机会相适应的可能性。

（2）外部环境因素　由于外部融资环境复杂多变，企业融资决策要有超前性，为此，企业要能够及时掌握国内和国外利率、汇率等金融市场的各种信息，了解国内外宏观经济形势、国家货币及财政政策以及国内外政治环境等各种外部环境因素，合理分析和预测能够影响企业融资的各种有利和不利条件，以及可能的各种变化趋势，以便寻求最佳融资时机。

比如，在计划经济时期，财政拨款是我国国有企业筹集资金的主要方式，"拨改贷"后银行贷款又成为企业筹集资金的主要方式。随着社会主义市场经济的逐步完善以及股份制的建立，在资本市场上融资逐渐成为企业融资的重要方式，这些国家政策的变化对企业而言影响是深远的。

因此，中小企业的管理者一定要注意国家各类法规的变化，要对此具有良好的"嗅觉"，在看清形势后果断决定融资的途径。近些年来，我国企业境外上市逐渐增多，我国中小企业板也正式启动，这些国内外融资环境的变化给中小企业提供了新的融资途径。

（3）融资方式的特点　企业在分析融资机会时，还必须要考虑具体的融资方式所具有的特点，并结合本企业自身的实际情况，适时制定出合理的融资决策。

比如，企业可能在某一特定的环境下，不适合发行股票融资，却可能适合银行贷款融资；企业可能在某一地区不适合发行债券融资，但可能在另一地区却相当适合。

综上，中小企业必须善于分析内外环境的现状和未来发展趋势对融资渠道和方式的影响，从长远和全局的视角来选择融资渠道和融资方式。

> **微视角**
>
> 对于企业而言，尽管拥有不同的融资渠道和方式可供选择，但最佳的往往只有一种，这就对企业管理者提出了很高的要求，必须选择最佳的融资机会。

五、融资的方式

融资方式即企业融资的渠道。它可以分为两类，具体如图1-12所示。

> **债权融资**
>
> 债权融资，又称债务性融资，是指企业通过举债的方式进行融资，主要包括银行贷款、发行债券和应付票据、应付账款等，所获资金将构成企业负债，需要按期偿还约定的本息

> **股权融资**
>
> 股权融资，又称权益性融资，是指企业通过出让部分股权实现增资扩股的一种融资方式，所获资金将构成企业的自有资金，投资者有权参与企业的经营决策，分享企业的盈利与增长

图 1-12　融资的方式

相关链接

债权融资与股权融资的区别

债权融资与股权融资的区别主要体现在以下四个方面。

1. 融资成本不同

光从债权融资需要还本付息，股权融资无需还本付息这点来看，很多人就会认为债权融资的成本要高于股权融资，其实不然。从理论上讲，股权融资的成本要高于负债融资，这是因为：一方面，股权投资风险较高，因而投资者会要求较高的投资收益；另一方面，对于融资企业而言，股利从税后利润中支付，不具备抵税作用，而且股票的发行费用一般也高于其他证券，而债务性资金的利息费用在税前列支，具有抵税的作用。因此，股权融资的成本一般要高于债务融资成本。

2. 风险不同

对企业而言，股权融资的风险通常小于债权融资的风险。这是因为：投资者的股权收益通常要视企业的盈利水平和发展情况而定，与债权融资相比，股权融资的企业没有还本付息压力；而企业发行债券，则必须承担按期付息和到期还本的义务，此种义务是公司必须承担的，与公司的经营状况和盈利水平无关，特别是当公司经营不善时，有可能面临巨大的付息和还债压力导致资金链破裂而破产。因此，企业发行债券面临的财务风险高。

3. 对企业控制权的影响不同

债权融资虽然会增加企业的财务风险能力，但它不会削弱股东对企业的控制权力。如果选择增募股本的方式进行股权融资，现有的股东对企业的控制权就会被稀释，因此，企业一般不愿意进行发行新股融资。而且，随着新

股的发行，流通在外面的普通股数目必将增加，从而导致每股收益和股价下跌，进而对现有股东产生不利的影响。

4. 对企业发展的作用不同

企业通过债权融资以获得资金的杠杆收益，以便更加灵活主动地调整公司的资本结构，使其资本结构趋向合理，无论企业盈利多少，企业只需要支付给债权人事先约好的利息和到期还本的义务，而且利息可以作为成本费用在税前列支，具有抵税作用。债权融资的特点决定了其用途主要是解决企业营运资金短缺的问题，而不是用于资本项下的开支。

股权融资的特点决定了其用途的广泛性，既可以充实企业的运营资金，也可以用于企业的投资活动。发行普通股作为一种永久性资本，是企业正常经营和抵御风险的基础，主权资本增多有利于增加企业的信用价值，增强企业信誉，可以为企业进行债权融资提供强有力的支持。

六、融资的阶段

企业常见的融资阶段有：种子期、天使期、A轮、B轮、C轮等。

1. 种子期

企业阶段：只有创意，没有具体的产品。

投资人：一般是创业者自掏腰包或者亲朋好友亲情资助；当然也有种子期投资人。

投资量级：10万～100万元人民币。

特点：在这个阶段的投资风险最高，成功率也最低，但是因为是最早期投资，所以以较少的投资就能获得较多的股权，所以一旦成功的话，回报最高。

2. 天使期

企业阶段：有了产品雏形，有了初步的商业模式，积累了一些核心用户，也就是大家常说的DEMO落地，开始找钱了。

投资人：天使投资人、天使投资机构。

投资量级：200万～800万元人民币。

特点：在这个阶段的投资风险也特别高，成功率也特别低，但是因为是很早期的投资，所以以较少的投资就能获得较多的股权，所以一旦成功的话，回报特别高。

3. A轮

企业阶段：有了成熟的产品，公司开始正常运作一段时间并有完整详细的商业及盈利模式，在行业内拥有一定的地位和口碑。公司依旧可能处于亏损状态。

投资人：专业的风险投资机构（VC）。

投资量级：1000万～1亿元人民币。

特点：在这个阶段的投资风险相对比天使期低一点，成功率也稍微高一点，但是风险依然很高，但是算早期投资，所以以较少的投资依然能获得较多的股权，所以一旦成功的话，回报很高。

4. B轮

企业阶段：经过一轮烧钱后，烧出了较大的发展。一些公司已经开始盈利。商业模式、盈利模式没有任何问题。可能需要推出新业务、拓展新领域。

投资人：大多是上一轮的风险投资机构跟投、新的VC加入、私募股权投资机构（PE）开始加入。

投资量级：2亿元以上人民币。

特点：在这个阶段的投资风险相对比较低了，成功率也高很多，但是相对前面几轮投资，回报率略低，但依然可观。

5. C轮

企业阶段：非常成熟，离上市不远。应该已经开始盈利，行业内基本前三把交椅。这轮除了拓展新业务，也有补全商业闭环、写好故事准备上市的意图。

投资人：主要是PE，有些之前的VC也会选择跟投。

投资量级：2亿元以上美金。

特点：在这个阶段的投资风险相对很低了，成功率很高了，可以说是上市前最后一次高回报投资了。

微视角

一般C轮后就是上市了，也有公司选择融D轮，但不是很多，而A轮、B轮融资泛指创业公司接受风险投资的融资次数如：A、B、C、D轮。

相关链接

企业各个阶段融资策略解析

企业融资的基本目的是满足其生存和发展的需要，但在不同类型的企业和各成长阶段，企业的性质及其面临的外部不确定性因素存在着较大差异，对资本的需求表现出不同的规模、结构、风险和成本特征，也就需要不同的融资方式。当企业现有资金结构与最优资本结构存在较大差异时，创业者需要根据自身所处的发展阶段的特点，综合考虑自身的融资能力、资金需求状况和融资外部环境等约束因素，选择合理的融资方式进行调整，以便提高融资效率，降低融资风险，促进企业的长远发展。

1. 种子期

在种子期内，创业者可能只有一个创意或一项尚停留在实验室还未完全成功的科研项目，这个阶段产品的发明者或创业者需要投入相当的资金进行研究开发，以验证其创意的可行性。

由于创业还在孕育阶段，不具备相应的法人结构，对资金的需求主要体现在企业的开办费用、可行性研究费用、一定程度的技术研发费用。种子期资金需求可能不多，但没有现金流入，资金相对匮乏，急需能够长期使用的资金。但此阶段抵押（担保）品较少，技术不成熟，市场前景不明朗，财务风险较大，很难得到银行的资金支持。除自有资金外，种子期的融资方式主要有：典当融资、亲友借款、业主和主要股东直接投资、天使投资、风险投资、政府基金融资。

种子期资金主要由创业者自己承担，基本不存在股权问题，但是必然考虑股权的长期配比，为今后的融资提供蓝图。在创业计划书中，创业者需要根据未来预计的自由现金流的变化情况，确定资金的需求量、融资机构和融资时机，力图将企业萌芽期和成长期的资金需求结合起来通盘考虑。在完成创业计划书的基础上，创业者可以开始与天使投资、风险投资或银行等机构进行接触，提前为萌芽期的资金供应做准备。

2. 萌芽期

新设企业以后，小批量产品和服务投放市场，现金流入非常有限，但生产设备、生产材料、后续研发以及市场开拓等方面急需大量资金。由于企业成立时间较短，市场占有率较低，资产规模较小，业务记录有限，抵押担保能力不足，未来不确定性较大，超过了一般投资者的风险容忍度。

萌芽期企业的负债融资比例较小，主要是权益融资。一般情况下，新设企业主要通过留存收益等内源融资方式融通资金。成长性较好的新设企业需要重点向新的投资者或风险投资机构进行权益融资，积极争取政府资助、企业间的商业信用和融资租赁，适当采用民间借贷。

本阶段权益融资过程中，投融资双方对企业价值往往存在较大分歧，对股权比例的争夺异常激烈。创业者需要根据企业的发展情况和市场的实际情况修订创业计划书，合理规划未来销售收入和未来自由现金流量，重点关注本轮融资的企业价值评估、股权配比和相关合约的法律程序等问题，筹划下轮及多轮融资方案。

3. 成长期

当企业顺利通过萌芽期进入到成长期时，企业所面临的内外部条件都发生了一系列的变化。本阶段企业享有一定的商誉，拥有一定的抵押资产或者关联企业的担保，影响企业发展的各种不确定因素也大为减少，财务风险大大降低，融资渠道较为通畅。但为了确立市场主导地位，企业急需大量资金进行规模扩张、市场开拓和品牌塑造。

本阶段企业可以利用留存收益、私募股权、创业板上市等多种方式进行权益融资，但仅仅依靠权益资本仍难以满足企业快速发展的需要要求。因此，成长期的企业采用信贷融资、债券融资、信托融资等负债融资方式成为必然。

由于负债融资的成本一般低于权益融资的成本，所以本阶段负债融资增长速度会高于权益融资增长速度。但过高的负债会加大企业的财务风险，不利于企业的健康发展。一般情况下，本阶段企业债务资本和权益资本的比例为6∶4时较佳。

4. 成熟期

成熟期是企业发展的鼎盛时期。此时的企业经营发展比较稳定，盈利能力和抵押能力迅速提高，信用记录大幅提升，市场风险和技术风险大大降低，可获得各种优惠的贷款机会，并具备进入公开市场发行有价证券的资产规模和信息条件。为了延长成熟期，企业往往需要通过大规模融资进行资本扩张。

本阶段企业可以根据需要选择采用大部分融资方式，但资本结构有所调整。一般而言，大多数天使投资和风险投资会退出企业，商业信用和内源融资的比重大大下降，债务融资、银行贷款和证券市场上市融资成为主要融资方式。

本阶段企业虽然较稳定，但销售额和利润增速已经减慢，危机的前兆已在一定程度上显现。因此，处于成熟期的企业尽管有可供选择的众多资本成本低的债务资金，但宜采取稳健的财务政策，不可过度举债。一般而言，本阶段企业债务资本和权益资本的比例处于3∶7时，企业的财务风险较小，综合资金成本较低，企业相对安全。

5. 衰退期

经过快速的增长之后，企业各种潜力基本得以挖掘，逐渐出现机构臃肿、组织庞大、行动迟缓、机制僵硬、工艺落后等大企业病。如果企业不能及时增加新的生产经营要素，跟上需求、技术和政策的步伐，企业必然走向衰退、衰亡。为制止企业衰退趋势，企业需要投入大量资金进行工艺改造、设备更新、产品换代、产业转移、市场开拓。

衰退期企业成本攀升、市场萎缩、现金减少、利润下降、信誉受损、经营风险升高，负债融资不具备实际条件。但衰退期企业具有较高的管理水平、雄厚资本实力和一定的市场地位，应积极协调与银行的关系，争取符合企业投资需求的贷款结构和还款时间，并根据企业发展需要适当引入战略投资者和私募股权投资，优化、重组内部资源，为企业注入新的活力。当企业面临生存危机时，需要通过典当，变卖部分股权、子（分）公司或部分资产等方式，换取资金以图生存。

面对衰退，企业应要认真分析财务现状和主要问题，制订符合实际、切实可行的企业复兴计划，根据实际需要选择资金筹集方式和融资额，最大限度地将有限资源配置到利润增长最佳的方向上去。对于近期、中期不一定能明显见效的项目，应暂缓投资或压缩投资规模。

总之，创业处于不同的生命周期阶段，不仅内外部环境会发生变化，所追求的财务目标也会有所差别。创业融资方式选择的关键是决定各种产权关系的资金及其在总资金中所占的比重，以使融资风险和融资成本相配合。创业者只有正确地认识各种融资方式的特征及其与资本结构、企业价值之间的关系，才能从实现企业财务目标出发，理性地在控制融资风险与获取最大收益之间寻求一种均衡，实现创业的价值目标。

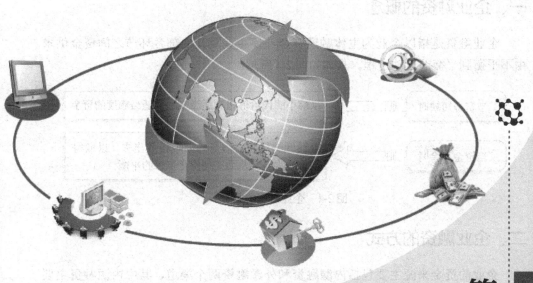

第二章 企业融资常识

导言

企业的发展，是一个融资、发展、再融资、再发展的过程。资金是企业体内的血液，是企业进行生产经营活动的必要条件，没有足够的资金，企业的生存和发展就没有保障。而融资则可以筹措企业生存和发展所必需的资金。

一、企业融资的概念

企业融资是指以企业为主体融通资金,使企业及其内部各环节之间资金供求由不平衡到平衡的运动过程。具体如图2-1所示。

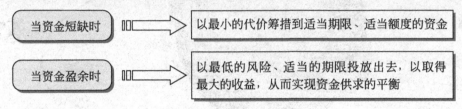

图2-1　企业融资的概念

二、企业融资的方式

企业的资金来源主要包括内源融资和外源融资两个渠道,其中内源融资主要是指企业的自有资金和在生产经营过程中的资金积累部分;外源融资即企业的外部资金来源部分,主要包括直接协助企业融资和间接协助企业融资两类方式。直接协助企业融资是指企业进行的首次上市募集资金(IPO)、配股和增发等股权协助企业融资活动,所以也称为股权融资;间接融资是指企业资金来自于银行、非银行金融机构的贷款等债权融资活动,所以也称为债务融资。具体如图2-2所示。

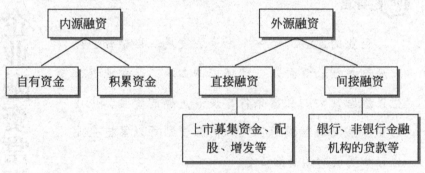

图2-2　企业融资的方式

随着技术的进步和生产规模的扩大,单纯依靠内部协助企业融资已经很难满足企业的资金需求。外部协助企业融资成为企业获取资金的重要方式。外部协助企业融资又可分为债务协助企业融资和股权协助企业融资。

三、中小企业融资的意义

企业的生存和发展都离不开及时充足的融资支持,融资驾驭控制得当,可以给企业的发展壮大增加动力，企业通过融资获得快速发展。一般来说，企业融资具有图2-3所示的意义。

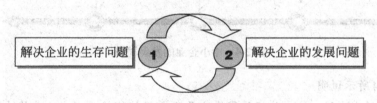

图2-3　企业融资的意义

1.解决企业的生存问题

在金融危机的强烈冲击下，相当一部分中小企业的生产、经营难以正常进行，甚至面临破产的境地。实时的融资，既解决了企业的燃眉之急，也避免了大量员工的失业，有利于企业的重新崛起，有利于国家的稳定。

2.解决企业的发展问题

中小企业特别是科技型企业，完成起步后，就到了扩大规模高速发展的阶段。在这个时候，资金就成了发展的最大颈瓶。实时的融资，无疑就是给企业装上了腾飞的翅膀，不仅有利于企业自身的发展壮大，更是实现创新型国家之必需。

四、中小企业融资的特点

中小企业由于资产规模小、经营上不确定性大、财务管理不规范、信息不透明、社会信用偏低、承受外部经济冲击和抵御风险能力弱、自身灵活性高等情况，中小企业在融资方面有其自身特点。

1.比大企业融资的特点更鲜明

中小企业融资与大型企业相比有自己鲜明的特点，具体如下。

（1）中小企业特别是小企业在融资渠道的选择上，比大企业更多地依赖内源融资。

（2）在融资方式的选择上，中小企业更加依赖债务融资，在债务融资中又主要依赖来自银行等金融中介机构的贷款。

（3）中小企业的债务融资表现出规模小、频率高和更加依赖流动性强的短期贷款的特征。

（4）与大企业相比，中小企业更加依赖企业之间的商业信用、设备租赁等来自非金融机构的融资渠道以及民间的各种非正规融资渠道。

2.在不同发展阶段其融资特点不同

我国中小企业发展周期可以分为图2-4所示的三个阶段。

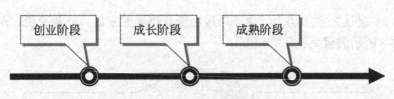

图2-4 中小企业的发展周期

图2-4所示说明：

（1）创业阶段。这一阶段的资金主要用于开拓市场，形成生产能力，所以既需要固定资金，也需要流动资金，需要的资金多，且无经营记录，此时很难从银行取得贷款，资金主要来源于自有资金和风险投资、政府财政投资、担保贷款。

（2）成长阶段。此时企业具备了批量生产的能力，企业规模得以扩大，经营走上正轨，业绩日益提升，品牌形象进一步稳固，企业有了更多的融资自由，可以采用较多的融资组合，如吸收直接投资、利用银行借款、利用融资租赁、商业信用等。

（3）成熟阶段。具备一定的生产、销售规模，财务状况良好，内部管理日趋完善，社会信用程度不断提高，企业具备了较强的融资能力，可以从商业银行筹集大笔信贷资金，也可以通过在证券市场发行股票或债券等形式融资。

五、中小企业融资的现状

长期以来，中小企业融资难一直是困扰企业发展的重要因素。我国中小企业普遍存在着融资困难的现状，具体表现在图2-5所示的三个方面。

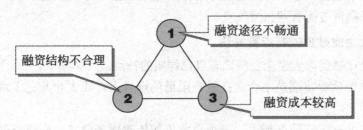

图2-5 中小企业融资难的表现

1. 融资途径不畅通

从内源融资来看，我国中小企业的现状不尽如人意：一是中小企业分配中留利不足，自我积累意识差；二是现行税制使中小企业没有税负优势；三是折旧费过低，无法满足企业固定资产更新改造的需要；四是自有资金来源有限，资金难以支持企业的快速发展。

从外源融资来看，中小企业可以选择银行贷款、资本市场公开融资和私募融资三种渠道，但目前我国中小企业的外源融资渠道方面并不畅通。

2.融资结构不合理

融资结构不合理主要表现为以下几点。

（1）我国的中小企业发展主要依靠自身积累，严重依赖内源融资，外源融资比重小，并且在外源性融资中，中小企业一般只能向银行申请贷款，主要表现为银行借款。

（2）在以银行借款为主渠道的融资方面，借款的形式一般以抵押或担保贷款为主。

（3）在借款期限方面，中小企业一般只能借到短期贷款，若以固定资产投资进行科技开发为目的申请长期贷款，则常常被银行拒之门外。

3.融资成本较高

企业的融资成本包括利息支出和相关筹资费用。与大中型企业相比，中小企业在借款方面不仅与优惠利率无缘，而且还要支付比大中型企业借款更多的浮动利息。

同时，由于银行对中小企业的贷款多采取抵押或担保方式，不仅手续繁杂，而且为寻求担保或抵押等，中小企业还要付出诸如担保费、抵押资产评估等相关费用。

六、中小企业融资难的原因

中小企业在我国国民经济发展中是一支重要力量，是我国国民经济的重要组成部分。但是，中小企业融资困难影响其发展。中小企业的"融资难"是由多种原因造成的，具体如图2-6所示。

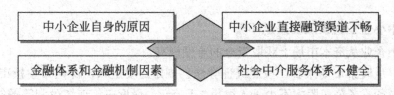

图2-6 中小企业融资难的原因

1.中小企业自身的原因

（1）经营风险大 中小企业大多是以家庭经营、合伙经营等方式发展起来的，企业规模小，科技含量低，缺乏核心竞争力，抵制市场的能力差。许多中小企业没有建立现代企业制度，产权单一。在我国，中小企业5年淘汰率近7%，3%左右的企业处于亏损状态，能够存活1年以上的中小企业仅占1%，以上这些不仅使中小企业陷入资金不足的困境，而且使商业银行不会轻易地把贷款提供给中小企业。

(2) 中小企业财务制度不健全，信用观念淡薄　一方面，中小企业管理不规范，财务制度不健全，缺乏内部控制机制，不能提供准确及时的财务报表，加大了银行产生不良贷款的风险。另一方面，中小企业信用观念不强，法制意识淡薄，欠息、逃债、赖债等现象时有发生，造成了中小企业整体信用不良的局面，制约了中小企业的融资。

(3) 中小企业缺乏可抵押资产，影响间接融资　抵押资产是银行贷款的第二还款来源，是银行谨慎经营的重要表现形式，其功效是避免和减少银行信贷资金遭受损失的一种保障。中小企业能提供的土地、房屋等抵押物较少，寻求担保困难，大多不符合金融部门的要求，使得中小企业很难通过抵押贷款获取资金。

2.金融体系和金融机制因素

(1) 银行信贷政策的影响　目前，四大国有银行主要以国有大企业为服务对象，对民营中小企业的资本需求，不存在利益的驱动，而且在面对中小企业的贷款需求时，信贷人员谨小慎微，过于保守，普遍采取"为不错贷，宁可不贷"的做法。

(2) 贷款手续复杂，办理困难，贷款成本偏高　中小企业要求贷款额不大，期限短，时效快，但银行发放程序经办环节都相同，带来银行的经营成本和监督费用的上升。所以银行从节约成本和监督费用出发，不愿意贷款给中小企业。

(3) 银行体系结构不合理　目前，国有商业银行仍处于垄断地位，现有的几家股份制银行和地方性金融机构不仅数量有限，而且各金融机构与国有银行业务趋同，市场趋同，没有制定出合理的市场定位战略，导致金融体系中缺乏与国有大银行搭配合理的区域性和地方性金融机构，中小企业难以得到有力的金融支持。

3.中小企业直接融资渠道不畅

中小企业从资本市场上获取资金的难度极高。

(1) 从股票市场来看，按照《证券法》规定，要进入沪深两市主板市场发行股票，必须具备公司股本不少于人民币5千万元，最近三年连续盈利等条件。

(2) 从债券市场来看，按照《证券法》规定，股份有限公司的净资产额不少于人民币3千万元，有限责任公司的净资产不低于人民币6千万元，最近三年平均可分配利润足以支付公司债券1年的利息，这使得中小企业很难进入该市场进行融资。

4.社会中介服务体系不健全

社会中介服务体系不健全，缺少专门为中小企业提供融资服务的专业机构和担保机构。由于中小企业信用不佳，财务报表可信度不高等原因，商业银行对于中小企业的贷款,一律要办理抵押和担保手续,但中小企业往往很难找到有能力的大企业为其担保,从而造成抵押困难。这几年,虽然建立了一些信用担保机构,但我国目前担保公司的担保能力与实际需求之间存在巨大差距。

七、解决中小企业融资难的措施

由于以上种种原因,造成了中小企业融资难的实际情况,多数中小企业面临艰难境地。帮助中小企业走出困境,需要企业、银行、政府和社会各界的共同努力。

1. 努力提高自身素质

努力提高自身素质是解决中小企业融资难的根本途径,具体措施如图2-7所示。

图2-7 中小企业努力提高自身素质的措施

(1)强化内部管理,健全各项管理制度,提高管理水平 中小企业应着力提高企业管理者和员工的素质,调整自身的知识结构,满足现代管理的需要;制定正确的经营战略,培育名牌产品、特色产品,从本质上增强自身的市场竞争能力。

(2)加强财务制度建设,树立良好信用观念意识 加快中小企业结构治理,积极引导中小企业向现代企业转变,尤其要建立规范、透明、真实反映中小企业状况的财务制度,定期向利益相关者提供全面准确的财务观点,以减少交易双方信息的不对称。

> **微视角**
>
> 中小企业要主动配合当地政府与银行、财政、税务、工商等部门建立良好关系,争取银行信任,坚决杜绝逃废银行债务和挪用贷款等失信行为的发生,切实提高自身的信用等级。

2. 建立多层次、全方位的金融体系和金融机制

建立多层次、全方位的金融体系和金融机制,主要需从图2-8所示的两个方面着手。

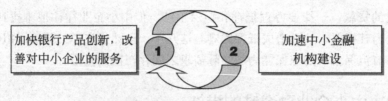

图2-8　建立多层次、全方位金融体系的措施

(1) 加快银行产品创新，改善对中小企业的服务　一方面，银行要以市场为导向，加快对金融机构的研究和探索，银行可以根据中小企业的特点进行信贷制度和产品的创新，建立适应中小企业贷款业务特点的信用评级、业务流程、风险控制和内部控制，推出适合中小企业需求的信贷产品，以满足中小企业个性化、多样化的融资需求。另一方面，政府应加速利率市场化改革，按风险收益对称原则赋予商业银行对不同风险等级的贷款收取不同水平利率的决策权力，提高商业银行对中小企业的定价能力。

(2) 加速中小金融机构建设　中小金融机构与地方经济联系密切，容易了解地方信息及地方民营企业的经营情况、企业发展前景和信誉情况，与企业开展信息交流比较方便，容易克服因企业的信息不对称而导致的交易成本高、交易风险大的障碍。所以，应尽快建立一大批直接服务于民营中小企业的金融机构，充分发挥立足中小企业、服务中小企业的比较优势。

3. 建立多层次的资本市场

建立多层次的资本市场，拓展中小企业直接融资渠道，具体措施如图2-9所示。

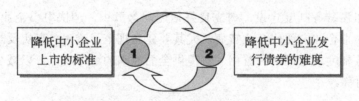

图2-9　建立多层次资本市场的措施

(1) 降低中小企业上市的标准　政府应当从我国的国情出发，结合我国中小企业的现状，拓展科技含量高，有潜力的中小企业的股权融资渠道，大力发展风险投资和二板市场，大力发展中小企业创业投资公司和风险投资基金，壮大风险投资规模，完善风险投资的进入和退出机制。

(2) 降低中小企业发行债券的难度　政府应当积极培育和发展债券市场，逐步放松发债企业规模限制并不断完善信用评级制度，适当放开发债利率，丰富债券品种。鼓励一些信誉度高、有稳定的现金流、经营业绩和财务状况好的企业通过发行债券等来筹集资金。

4. 完善社会服务机构

中小企业市场竞争风险大，又缺乏有效的资产抵押和信用担保，是造成中小企业融资难的深层次原因，而建立一个适合我国中小企业的贷款担保体系，可以有效应对中小企业融资过程中因信息不对称引发的逆向选择和道德风险问题。因此，政府应从图2-10所示的两个方面来完善社会服务机构。

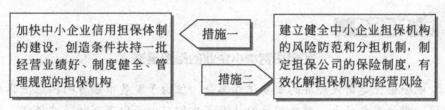

图2-10　完善社会服务机构的措施

5. 采取多种融资方式

采取多种融资方式，拓宽中小企业的融资渠道，具体如图2-11所示。

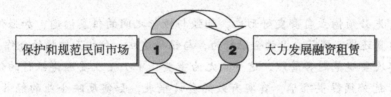

图2-11　采取多种融资方式的措施

（1）保护和规范民间市场　民间融资是指游离于银行系统外的民间资金融通，主要表现为亲戚朋友之间的借贷，企业之间资金拆借及民间融资公司。民间金融机构是对银行资金低效率的补充，但是由于他们不具有合法身份，其业务活动也不受有关部门的监督，容易引发经济纠纷和金融诈骗事件，扰乱金融秩序，所以应尽早从政策上和制度上进行规范和引导，尽早将民间融资纳入国家金融体系，鼓励对中小企业的融资。

（2）大力发展融资租赁　融资租赁是指出租人根据承租人对租赁物件的特定要求和对供货人的选择，出资向供货人购买租赁物件，并租给承租人使用，承租人则分期向出租人支付租金，在租赁期内租赁物件的所有权属于出租人所有，承租人拥有租赁物件的使用权。

融资租赁是集融资与融物、贸易与技术更新于一体的新型金融产业。由于其融资与融物相结合的特点，出现问题时租赁公司可以回收、处理租赁物，因而在办理融资时对企业资信和担保的要求不高，所以非常适合中小企业融资。

微视角

融资租赁属于表外融资，不体现在企业财务报表的免债项目中，不影响企业的资信状况，这对需要多渠道融资的中小企业而言是非常有利的。

相关链接

如何拓宽中小企业的融资渠道

中小企业是国民经济的重要组成部分，但由于发展中融资的困难使其难以进一步的发展壮大，就我国目前状况，我们可以采取下列的一些措施，更好地拓宽融资渠道。

1. 利用信贷支持，争取更多的贷款机会

对于中小企业来说要抓住机遇获取信贷支持必须加强以下几个方面的工作：

首先必须树立自身良好形象，加强与银行之间的信息沟通，加强信用意识，自觉还贷，规范自身的金融行为，与银行建立一种相互信赖的合作关系。

其次要规范财务管理，这一点尤为重要，中小企业要赢得银行的信任和支持，就必须提供准确、真实有效的会计报表，如实反映企业的经营状况，确保自身的各项经济活动和财务收支的真实性和合法性；同时加大技术投入，提高管理水平，规范公司结构，现在商业银行纷纷将扶持高科技中小企业作为工作重点，要想获得贷款支持，就必须进行技术改造，增加产品的技术含量。

一个企业要获得更好的发展，必须进行科学的管理，在经营体制和管理方式方面努力向现代企业靠近，才能在信贷部门的评估中获得较好的印象，从而才更可能达到利用信贷融资的目的。

2. 抓住证券市场融资的机会，争取更多的融资来源

证券市场是企业获得发展所需资金的最佳途径。然而，对于绝大多数的中小企业来说传统的证券市场门槛实在是太高，而主要面向中小企业尤其是具有高成长性的高科技企业的香港创业板市场的要求则相对较低，它在服务对象、上市标准、交易制度等许多方面都不同于主板市场。

随着我国二板市场的正式启动，必将有越来越多的中小企业从证券市场获得大量的资金支持。目前即将在我国二板市场上市的企业多为从事高新技术产业或市场前景极佳的传统行业公司，他们大多在其经营领域内拥有先进

的、独创的、完整的知识产权，公司结构合理，主营业务突出，财务指标良好且资金需求急切，回报较为迅速明显。因此，有条件的中小型企业可以适当考虑利用证券市场进行融资。

3.融资租赁也是中小企业融资不错的选择

融资租赁从20世纪80年代开始引入我国，到目前为止我国从事融资业务的专营或兼营机构有1000多家，业务覆盖全国，涉及十几个行业。融资租赁为我国中小企业进行设备更新和技术改造提供了一种全新方式。我国的中小企业往往信用程度不高，财务制度不规范，自身资本不足，这些都是在融资过程中所面临的主要问题，而融资租赁的方式对企业信用要求则大大降低，方式简便快捷，同时也降低了融资机构的风险。融资租赁的方式可以减轻由于设备改造带来的资金周转压力，避免支付大量现金，而租金的支付可以在设备的使用寿命内分期摊付而不是一次性偿还，使得企业不会因此产生资金周转困难；同时也可以避免由于价格波动和通货膨胀而增加的资本成本。

4.利用民间资本融资的新渠道

为了启动民间投资，推动中小企业的进一步发展，政府采取相应措施鼓励和保护民间资本介入融资市场。2001年12月11日，国家计委在中国正式加入世贸组织的同一天下发了《国家计委关于促进和引导民间投资的若干意见》的文件，首次明确提出了"一放三改"的思路，即放宽民间投资范围、改进民间投资的服务环境、审批环境与融资环境。在福建、广东、浙江等私营经济发达的省份，以民间融资为特征的地下金融市场异常活跃，甚至成为当地中小企业融资的主要方式。

同时政府应当尽快出台相应的法律法规，加大对民间资本的监管力度，有效防止金融欺诈，降低金融风险。鼓励民间资本进入风险投资领域扶持中小企业的发展。民间资本具有融资速度快、资金调动方便、门槛低等优势，民间资本介入融资市场极大丰富了中小企业的融资渠道。

5.利用风险投资，壮大企业发展的实力

风险投资是以追求资本急剧增值为目的，以股权投资为主要形式投向新兴的、有巨大成长潜力的中小企业，通过参与经营、指导性服务促使被投资企业实现其发展目标，最终通过股票公开上市等方式转让股权，实现收益并进入创业资本再循环的一种中长期权益资本。风险投资在海外发展迅速，已成为重要金融产业和中小企业直接融资的重要渠道。在国内，民建中央1998年提出"关于尽快发展我国风险投资事业"的提案，被列为当年政协一号提案，备受关注，其后风险投资热潮在全国迅速兴起。几年实践表明，发

展风险投资的方向是正确的，对促进我国技术进步和中小企业发展起到了重要作用。

中小企业要想成功地运作风险投资并从中受益，支撑体系的构建与完善是必不可少的，因为，它关系到风险投资的成败。这种支撑体系包括：创业文化、健全的法律制度、高效运作的风险资本市场、多样化的中介服务机构、风险投资的自律意识。需要强调的是，上述支撑体系的构建和完善离不开政府的重视和支持，政府在其中所扮演的重要角色是不可替代的。

6. 并购融资不仅可以较大规模的融资，还可以提高企业竞争力，降低风险成本

企业并购包括企业兼并与收购两方面。兼并是指有两个或两个以上的独立企业联合成为单个的经济实体。只要存在独立的商品生产者，就会有兼并发生。收购是指一家企业被另一家所购买，这期间，一家企业保存下来，另一家企业要么被解雇而丧失法人实体地位，要么成为收购方的子公司而继续存在。并购对中小企业而言，其最核心的目的是为了融资。

中小企业通常规模不大，在资本实力上往往较弱，但他们精于服务市场上的某一个细小部分，专业化经营在市场上也占有有利位置，能够满足消费者多层次的需求。在这方面，中小企业具有竞争优势。并购是对市场细分后的一种再选择，中小企业也能够借此在最低投入的基础上，拓展新的市场。善于发现市场盲点，以快为主，在其他企业反应之前，占有市场份额，从而增大生存机会。与大企业成为战略联盟，尽可能地与大企业合作，降低经营风险，降低风险成本。

7. 典当行，中小企业快速融资的"绿色通道"

1987年，新中国第一家典当行在成都开办，典当行以全新的面貌重出江湖，且发展迅猛。商务部公布的数据显示：全国典当企业总数已有2025家，行业注册资本总额170多亿元，2006年典当总额预计将达800亿元。典当业在人们的经济生活中发挥着日益重要的作用。

典当业具有方便、快捷、灵活的特点，在满足短期应急性融资需求，促进个体私营经济发展等方面发挥了积极的作用。典当业的优势具体表现在：救济解难，帮助居民和中小企业克服生产生活中临时性困难；短期保管，方便群众生活；支持中小企业和个体私营经济的创业和发展，促进生产活跃商品流通；作为银行等融资主渠道的有益补充，对民间高利贷具有一定的抑制作用。来自中国经济景气调查中心的统计显示，典当资金90%以上投向生产与经营领域，典当行已成为中小企业快速融资的"绿色通道"。

典当行的服务对象正从个人转向中小企业。目前，典当行中"绝当"比例不到5%，随着人们生活水平的提高，典当早已从过去穷人家为解决生活困难，不得已"变卖"家产，转变为一种新型的融资渠道和资金周转站。很多企业在流动资金出现周转困难时，将厂房或者库存进行典当，很快就能够拿到所需资金。与其他金融机构相比，通过典当行进行贷款既不需要信用审查，也不用找他人担保，值钱的东西送过去，很快就能拿到资金。在备受融资难困扰的中小企业眼里，典当这种比贷款更方便的融资方式，已经成为中小企业融资的"第二银行"。

八、中小企业的融资策略

从中小企业融资特点可以看出，造成中小企业融资难的原因是多方面的，既有中小企业自身原因，也有外部原因。对此，应从自身实际出发，采取应对策略，解决融资难题，具体如图2-12所示。

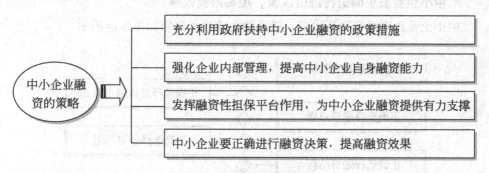

图2-12　中小企业融资的策略

1.充分利用政府扶持中小企业融资的政策措施

中小企业已成为我国经济的重要组成部分，是促进经济发展不可替代的重要力量。各级政府高度重视中小企业融资工作，出台了一系列扶持中小企业融资的政策措施，加大财政支持力度，设立中小企业发展专项资金，减轻税费负担，推动中小企业上市融资、债券融资、股权融资，支持中小企业加快技术改造，建立风险补偿机制，构建民间借贷监管协调机制等，为中小企业融资创造良好的政策环境，努力解决中小企业融资难的问题。

2.强化企业内部管理，提高中小企业自身融资能力

中小企业要强化内部管理，引进科学的管理手段，健全企业财务制度，提高财务管理水平，规范自身经营行为，提高信用程度与经营素质，为融资创造有利条件。加强企业内部管理的措施具体如图2-13所示。

加强与银行的联系与合作，建立新型银企关系，争取银行的信贷支持 ← 措施一

措施二 → 加大中小企业体制改革力度，建立现代企业制度，完善法人治理结构，加强技术创新，提高中小企业在资本市场直接融资的能力

图2-13　加强企业内部管理的措施

3.发挥融资性担保平台作用，为中小企业融资提供有力支撑

解决中小企业融资困难的有效方法之一就是建立中小企业信用担保体系。伴随着中小企业的发展，融资担保机构也逐步发展和成熟起来，已经形成政府解决中小企业融资难问题的重要力量，银行增加对中小企业信贷投放的重要伙伴，企业间接融资的重要渠道。担保业作为一个新兴行业，正在中小企业融资中发挥着越来越大的作用。

4.中小企业要正确进行融资决策，提高融资效果

中小企业正确进行融资决策，提高融资效果的措施如图2-14所示。

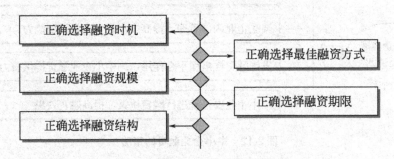

图2-14　中小企业正确进行融资决策的措施

（1）正确选择融资时机　同等数量的资金，在不同时点上具有不同的价值。企业要合理安排筹资的时间，实时取得所需资金。这样，不但可以避免过早筹集资金造成资金的闲置，而且能防止过后取得资金而错过最佳的资金投放时间，确保融资获得成功。

（2）正确选择最佳融资方式　中小企业可分为制造业型、服务业型、高科技型以及社区型等几种类型，各种企业应该根据自身的特点和不同的发展阶段以及相关条件，正确选择适合自己的融资方式。

（3）正确选择融资规模　中小企业在融资时，首先要确定融资规模。融资过多，可能造成资金浪费，增加成本，导致企业负债过多，偿还困难，风险增加；如果融资太少，又会影响企业融资计划以及其他业务的正常发展。因此，企业在

进行融资决策之初，就应该根据企业对资金的需求、企业本身的实际条件以及融资的成本和难易程度，以及各种融资规模将产生的风险等因素，量力而行确定企业融资规模。

（4）正确选择融资期限　中小企业融资根据融资期限的长短可以分为短期融资、中期融资和长期融资。企业应根据资金的用途，合理选择融资期限，如果融资是用于企业流动资产，宜选择各种短期融资方式；如果融资是用于长期投资或购置固定资产，宜选择各种中、长期融资方式，如长期贷款、企业内部积累等。

（5）正确选择融资结构　中小企业融资结构是指企业所有的资金来源项目之间的有机构成及其比例关系。企业的融资结构不仅揭示了企业资产的产权归属和债务保证程度，而且反映了企业融资风险的大小。融资结构问题，总的来说是负债资金所占比重的问题。企业要根据行业特点和自身的风险承受能力，选择适度负债。

 相关链接

企业融资中遇到的十大误区

不少民营企业在发展过程中把企业融资当作一个短期行为来看待，希望搞突击拿到银行贷款或股权融资，而实际上成功的机会很少。民营企业要想改变融资难的局面，需走出以下融资误区。

1. 过度包装或不包装

有些民营企业为了融资，不惜一切代价粉饰财务报表，甚至造假，财务数据脱离了企业的基本经营状况。有些民营企业认为自己经营效益好，应该很容易取得融资，不愿意花时间及精力去包装企业，不知道资金方看重的不止是企业短期的利润，企业的长期发展前景及企业面临的风险是资金方更为重视的方面。

2. 缺乏长期规划，临时抱佛脚

多数民营企业都是在企业面临资金困难时才想到去融资，不了解资本的本性。资本的本性是逐利，不是救急，更不是慈善。企业在正常经营时就应该考虑融资策略，和资金方建立广泛联系。

3. 急于拿资金，忽视企业内部整理

民营企业融资时只想到要钱，一些基本的工作也没有及时去做。民营企业融资前，应该先将企业梳理一遍，理清企业的产权关系、资产权属关系、关联企业间的关系，把企业及公司业务清晰地展示在投资者面前，让投资者放心。

4.融资视野狭窄，只看到银行贷款或股权融资

企业融资的方式很多，不只是银行贷款和股权融资，租赁、担保、合作、购并等方式都可以达到融资目的。

5.只认钱，不认人

民营企业急于融资，没有考虑融资后对企业经营发展的影响。民营企业融资时除了资金，还应考虑投资方在企业经营、企业发展方面对企业是否有帮助。

6.只想融资，不想让企业走向规范化

企业融资是企业成长的过程，也是企业走向规范化的过程。民营企业在融资过程中，应不断促进企业走向规范化，通过企业规范化来提升企业融资能力。

7.只顾扩张，不塑造企业文化

民营企业在融资过程中，只顾企业扩张，没有去塑造企业文化，最终导致企业规模做大了，但企业却失去了原有的凝聚力，企业集团内部或各部门之间缺乏共同的价值观，没有协同能力。

8.只顾扩张，不建立合理的公司治理结构

很多民营企业通过融资不断扩张，但企业管理却越来越粗放、松散。随着企业扩张，企业应不断完善公司治理结构，使公司决策走上规范、科学的道路，通过规范化的决策和管理来规避企业扩张过程中的经营风险。

9.低估融资难度，误以为仅靠自己的小圈子就可以拿到资金

有些民营企业常常低估融资的难度，对出现在面前的个别资金方期望过大，也往往以为靠企业主或内部管理人员的私人小圈子就可以拿到资金。

10.不愿意花钱请专业的融资顾问

民营企业都有很强的融资意愿，但真正理解融资的人很少，总希望打个电话投资人就把资金投入企业，把融资简单化，不愿意花钱聘请专业的融资顾问。也有不少人认为融资只需写个商业计划书，图便宜随便找个机构或个人甚至学生来写，也不管他是否有融资的经验和融资的渠道，只要价格低。企业融资是非常专业的，融资顾问要有丰富的融资经验，广泛的融资渠道，对资本市场和投资人要有充分的认识和了解，要有很强的专业策划能力，要考虑企业融资过程中遇到的各种问题及解决问题的方法。

九、影响企业选择融资方式的因素

资金是企业从事投资和经营活动的血液,如何筹集企业所需资金是现代财务管理的首要内容。每个企业在进行筹资方式选择时,必须清楚影响企业融资方式选择的有关因素。

1. 外部因素

影响企业融资方式选择的外部因素是指对企业融资方式选择产生影响作用的各种外部客观环境,如图2-15所示。外部客观环境的宽松与否会直接影响到企业融资方式的选择。

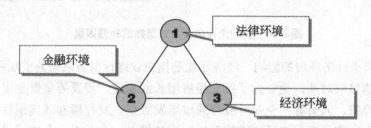

图2-15　影响企业融资方式选择的外部因素

图2-15所示说明：

（1）法律环境。企业进行融资方式选择时,必须遵循税收法规,同时考虑税率变动对融资的影响。

（2）金融环境。金融政策的变化必然会影响企业融资、投资、资金营运和利润分配活动。此时,融资方式的风险、成本等也会发生变化。

（3）经济环境是指企业进行理财活动的宏观经济状况,在经济增长较快时期,企业需要通过负债或增发股票方式筹集大量资金,以分享经济发展的成果。而当政府的经济政策随着经济发展状况的变化做出调整时,企业的融资方式也应随着政策的变化而有所调整。

2. 内部因素

影响企业融资方式选择的内部因素主要包括企业的发展前景、盈利能力、经营和财务状况、行业竞争力、资本结构、控制权、企业规模、信誉等方面的因素。在市场机制作用下,这些内部因素是在不断变化的,企业融资方式也应该随着这些内部因素的变化而作出灵活的调整,以适应企业在不同时期的融资需求变化。

企业应根据自身的经营及财务状况,并考虑宏观经济政策的变化等情况,选择较为合适的融资方式。具体如图2-16所示。

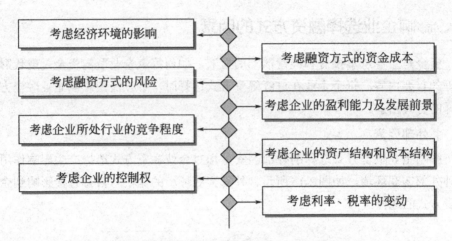

图2-16 影响企业融资方式选择的外部因素

（1）考虑经济环境的影响　经济环境是指企业进行财务活动的宏观经济状况，在经济增速较快时期，企业为了跟上经济增长的速度，需要筹集资金用于增加固定资产、存货、人员等，企业一般可通过增发股票、发行债券或向银行借款等融资方式获得所需资金，在经济增速开始出现放缓时，企业对资金的需求降低，一般应逐渐收缩债务融资规模，尽量少用债务融资方式。

（2）考虑融资方式的资金成本　资金成本是指企业为筹集和使用资金而发生的代价。融资成本越低，融资收益越好。由于不同融资方式具有不同的资金成本，为了以较低的融资成本取得所需资金，企业自然应分析和比较各种筹资方式的资金成本的高低，尽量选择资金成本低的融资方式及融资组合。

（3）考虑融资方式的风险　不同融资方式的风险各不相同，一般而言，债务融资方式因其必须定期还本付息，因此，可能产生不能偿付的风险，融资风险较大。而股权融资方式由于不存在还本付息的风险，因而融资风险小。企业若采用了债务筹资方式，由于财务杠杆的作用，一旦当企业的税前利润下降时，税后利润及每股收益下降得更快，从而给企业带来财务风险，甚至可能导致企业破产的风险。美国几大投资银行的相继破产，就是与滥用财务杠杆、无视融资方式的风险控制有关。因此，企业务必根据自身的具体情况并考虑融资方式的风险程度选择适合的融资方式。

（4）考虑企业的盈利能力及发展前景　总的来说，企业的盈利能力越强，财务状况越好，变现能力越强，发展前景良好，就越有能力承担财务风险。当企业的投资利润率大于债务资金利息率的情况下，负债越多，企业的净资产收益率就越高，对企业发展及权益资本所有者就越有利。因此，当企业正处盈利能力不断上升，发展前景良好时期，债务筹资是一种不错的选择。而当企业盈利能力不断下降，财务状况每况愈下，发展前景欠佳时期，企业应尽量少用债务融资方式，以规避财务风险。当然，盈利能力较强且具有股本扩张能力的企业，若有条件通过新发或增发股票方式筹集资金，则可用股权融资或股权融资与债务融资两者兼而有之的融资方式筹集资金。

（5）考虑企业所处行业的竞争程度　企业所处行业的竞争激烈，进出行业也比较容易，且整个行业的获利能力呈下降趋势时，则应考虑用股权融资，慎用债务融资。企业所处行业的竞争程度较低，进出行业也较困难，且企业的销售利润在未来几年能快速增长时，则可考虑增加负债比例，获得财务杠杆利益。

（6）考虑企业的资产结构和资本结构　一般情况下，企业固定资产在总资产中所占比重较高，总资产周转速度慢，要求有较多的权益资金等长期资金作后盾；而流动资产占总资产比重较大的企业，其资金周转速度快，可以较多地依赖流动负债筹集资金。

为保持较佳的资本结构，资产负债率高的企业应降低负债比例，改用股权筹资；负债率较低、财务较保守的企业，在遇合适投资机会时，可适度加大负债，分享财务杠杆利益，完善资本结构。

（7）考虑企业的控制权　发行普通股会稀释企业的控制权，可能使控制权旁落他人，而债务筹资一般不影响或很少影响控制权问题。因此，企业应根据自身实际情况慎重选择融资方式。

（8）考虑利率、税率的变动　如果目前利率较低，但预测以后可能上升，那么企业可通过发行长期债券筹集资金，从而在若干年内将利率固定在较低的水平上。反之，若目前利率较高，企业可通过流动负债或股权融资方式筹集资金，以规避财务风险。就税率来说，由于企业利用债务资金可以获得减税利益，因此，所得税税率越高，债务筹资的减税利益就越多。此时，企业可优先考虑债务融资；反之，债务筹资的减税利益就越少。此时，企业可考虑股权融资。

企业融资方式的选择是每个企业都会面临的问题，企业应综合考虑影响融资方式选择的多种因素，根据具体情况灵活选择资金成本低、企业价值最大的融资方式。

第三章 企业融资流程

导言

资金是企业正常生产经营运转所必须的"血液"或"润滑剂"。很多企业在资金缺乏的时候都会选择融资,但是中小企业融资并不是易事,为了确保中小企业融资的成功,企业家要熟知融资流程。

一、撰写融资计划书

融资计划书包含了投资决策所关心的全部内容,例如企业商业模式、产品和服务模式、市场分析、融资需求、运作计划、竞争分析、财务分析、风险分析等内容。

融资计划书,其实是一份说服投资者的证明书。

1.融资计划书的撰写步骤

对融资计划书的撰写,大体分为图3-1所示的五个大步骤。

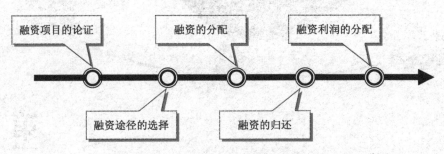

图3-1 融资计划书的撰写步骤

图3-1所示说明:

(1)融资项目的论证主要是指项目的可行性和项目的收益率。

(2)融资途径的选择指作为融资人,应该选择成本低、融资快的融资方式。

(3)融资的分配指所融资金应该专款专用,以保证项目实施的连续性。

(4)融资的归还指项目的实施总有个期限的控制,一旦项目的实施开始回收本金,就应该开始把所融的资金进行合理的偿还。

(5)融资利润的分配指利润分配比例的设定。

> **微视角**
>
> 撰写商业计划书不仅是一个包装和表达的过程,也是一个理清产品思路的过程。

2.融资计划书的核心

对于一个期望募集资金的人来说,编写融资商业计划书,图3-2所示的五个问题应作为重点内容,反映到融资计划书的核心项目里去。

(1)投资资金的具体用途 也就是企业为什么需要这笔资金,虽然说是用于生产和销售,但是这么一笔资金的投入,肯定是和一个具体的发展执行计划相关联的,需对这笔资金的具体使用方式做详细介绍。

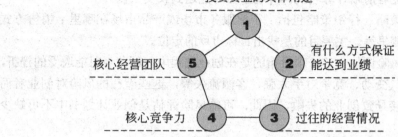

图3-2 融资计划书的核心

（2）有什么方式保证能达到业绩　业绩指标人人会编制，但具体如何达到这个业绩，如何保证未来业绩的增长与发展，有什么相异于其他竞争对手的、独有的企业发展手段和思路？

（3）过往的经营情况　企业成立多少年？现有的销售网络网点？过去历年的销售额和净利润？公司过往的增长速度？公司实现了什么样的经营目标？这些年在市场上积累起来什么？

（4）核心竞争力　相对于同行业的其他公司，企业在市场上立足并且得以发展的长久竞争力是什么？是哪些原因让公司活到现在，还活得好好的，并且未来可能活得更好？

（5）核心经营团队　谁是创始人？还有谁是企业的重要人物？企业是通过什么契机发展起来的？这样的管理团队，在同行中处于什么位置？是否优秀？能否实现企业的下一个发展目标？

3.融资计划书的主要内容

一般来说，融资计划书主要包括图3-3所示的内容。

（1）资金规划　资金即指初次创业的钱从哪里来，应包括个人与他人出资的金额比例、项目投资等，这会影响整个事业的股份与红利分配。另外，整个创业计划的资金总额的分配比例，也应该记录清楚，如果你是希望以融资计划书来申请贷款，应同时说明贷款的具体用途。

（2）阶段目标　阶段目标是指创业后的短期目标、中期目标与长期目标，主要是让创业者明了自己事业发展的可能性与各个阶段的目标。

（3）财务预估　详述预估的收入与预估的支出，甚至应该说明事业成立后前三年或前五年内，每一年预估的营业收入与支出费用的明细表，这些预估数字的主要

图3-3 融资计划书的主要内容

目的,是让创业者清晰计算利润,并明了何时能达到收支平衡。

(4)行销策略 行销策略包括:了解服务市场或产品市场在哪里;销售方式及竞争条件在哪里等。主要目的是找出目标市场的定位。

(5)可能风险评估 这一项目指的是在创业过程中,创业者可能遭受的挫折,例如:行业景气变动、竞争对手太强、客源流失等,这些潜在的风险对创业者而言,甚至会直接导致创业的失败,因此,可能风险评估是创业计划书中不可缺少的一项。

(6)其他 包括创业的动机、股东名册、预定员工人数、企业组织、管理制度以及未来展望等,这些都是商业计划书必须明确撰写的内容。

撰写融资计划书的注意事项

融资计划书对于创业者是非常关键的文件,一份优秀的融资计划书是你实现理想的重要一步。在撰写融资计划书时要注意以下事项。

1. 开门见山,切忌拐弯抹角

开门见山地切入主题,用简练、殷实的语句描述你的想法,不要浪费时间去讲与主题无关的内容信息,突出你的领导能力。

2. 重视细节,语言诚恳

尽量搜集大量的数据资料,多角度的对市场、竞争、财务等加以分析并总结。对于可能出现的困难和风险要有足够的了解和解决方法,增强投资者对你的产品、服务的可行性的认可。

3. 脉络清晰,条理分明

在写作过程中,要语言简练,条理清晰分明。尽可能按照如何实现营业循环和盈利来设计创业融资计划书。这样即使投资者阅读计划书时,提问你一些相关的问题时,你也能够条理清晰地答复他的问题。

二、找到投资人

融资是企业解决资金问题的重要手段,但创投界鱼龙混杂,如何才能找到合适、靠谱的投资人呢?

1. 如何寻找投资人

在投资领域,当投融资双方达成了一项投资协议,媒体报道往往会使用到一个词：联姻。这个词能够表达出彼此找到合作伙伴的喜悦之情，同时也说明了投资过程的艰难，因为如同现实婚姻一样，找到属于自己的另一半并不容易。那作为创业者，该如何找到另一半呢？可从图3-4所示的几个方面着手。

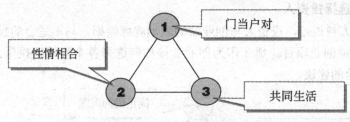

图3-4　寻找匹配的投资人

（1）门当户对　在投融资行业，所谓门当户对，就是说，企业寻求资金的来源、融资方式要和项目的体量相当和对等。如果你是小本创业，对于资金的需求量不大，可以寻求银行资金或者个人资金，通过抵押、质押、借款等方式融资；如果你是要建立一个工厂，需要的资金数量较大，就可以寻求基金、风险投资、大型商业银行等资金来源，以股权、债券等方式进行融资。

> **微视角**
>
> 企业融资的"门当户对"技巧简而言之，就是说，筹措资金大小决定了筹资的渠道和方式。

（2）性情相合　所谓"性情相合"，就是说在筹资之前，要分析自身项目的特点，然后选择符合自身特点的资金。

比如，工程机械、钢铁、煤炭、房地产等行业的项目，属于重资产项目，即固定资产是企业的主要资产。这类项目进行融资，可以将固定资产作为抵押，包括土地、设备、厂房等，向商业银行等进行融资，因为商业银行放贷属于稳健投资行为，有固定资产作为抵押，可以保证资金的安全。

再如，互联网企业、科技类企业，这类企业的资产主要是人才、创意、技术，属于轻资产企业，由于没有抵押物，银行对于这些企业放贷较为谨慎，但是风险投资公司、天使投资人却偏好这类企业，因为能够带来高收益。

这就是说，项目的特点决定了项目的投资人以及投资方式。

（3）共同生活　一项投资行为，开始于寻找可投资的项目或者是资金的短缺，但是终点并不是企业拿到钱或者投资合同的签署。投资人向项目输入了资金，试图获利是必然的，但是一般在投资合同中，投资人还会摄取其他的权利，例如企业经营权、决策表决权、人事权等。

企业筹资，除了达到拿到资金的目的，也要考虑到投资人在未来可能对于公司或者项目运营产生的影响,这种影响是否可接受。如果不考虑到投资人除了增值之外的其他意图,那么资金和项目可能在"婚后"难以"共同生活"。简单来说,筹资人对于投资人权利的授予范围,影响着对资金的选择。

2. 如何选择投资人

有投资人曾说过,投资人与创业家的联姻就像婚姻,与不适合的投资人联姻,很可能会毁掉创业项目。那么作为创业者该如何选择各个阶段的投资人呢?可参考图3-5所给的建议。

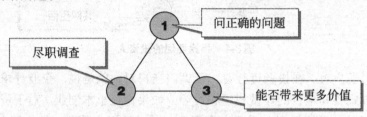

图3-5 选择投资人的方法

(1)问正确的问题 在与投资人见面的过程中,了解投资人对文化基因以及其他投资人的看法非常重要,因为他们的经历和方法可能影响到公司的文化塑造。很多创业者没有意识到这点,但事实上早期投资人对公司文化的塑造扮演着很重要的角色。

同时,了解投资者公司内部的决策流程尤其重要,有的投资人可能自己就能决定某笔交易,但是其他VC往往有一个内部决策流程。

> **微视角**
>
> 作为创业者,我们需要了解每个投资人以及自己的真实需求。在这里,投资人和创业者的地位是平等的,双方都处于同样的位置。

(2)尽职调查 在对一家创业公司进行投资前,VC和天使投资人往往会对创业公司和创始人进行大量的尽职调查。从财务角度来看,这点非常重要。但是另一方面,我们的创业者在寻找投资者时,往往忽略了对投资者的尽职调查,而导致后续的关系紧张。

对创业者来说,不管在任何时候都应该对投资者进行背景调查,而当他们要加入董事会时更得细心。

> **微视角**
>
> 尽可能多的与投资者投资的公司CEO们进行交流沟通,这对了解投资者具有非常大的益处。

（3）能否带来更多价值　对于创业者来说，找投资人的目的当然是希望其能给自己带来价值。但是要明白的一点是，在签署协议之前你要获得什么样的价值，投资人能否带来这些价值。对于刚刚开始的创业企业来说，最需要获得一些行业专家对市场的分析建议，以及寻找志同道合的人才。在这方面，投资者往往具有很多资源。除了给你资金外，投资人能给予这些资源帮助吗？一旦找到这样的投资人，尽量给他们安排一些具体的工作，这是他们所乐意的。

好的投资者往往能帮助创业者走出困境，他们会尽可能地想办法帮助创业者。

比如，著名天使投资人Ron Conway一次又一次将OMGPOP从破产边缘拯救。他不仅提供资金支持，更为其寻找求其他人的点子和建议，并给予创始团队信心。最后的结果当然显而易见，OMGPOP推出Draw Something一夜成功，以2亿美元的价格出售给Zynga。

相关链接

如何与投资人搞好关系

1. 注重细节，随时与投资人保持联系

以一种礼貌的方式不断出现在你的投资人面前，并保持密切的联系，无疑会增加项目成功融资的概率。此时，邮箱是一个很好的媒介。如在见面后的第二天给投资人发一封感谢邮件便是一个非常礼貌的沟通形式。

利用邮件联系投资人的时候需要注意一些细节。投资人说要试用一下产品，你所发的邮件中就应该提供登录密码；投资人说想要和更多的用户谈谈，那你就应该提供详细的联系方式……

2. 巧用推销策略，表现出进取的姿态

在与投资人进行邮件沟通杳无音讯后，依然不要放弃，可再次向投资人发去一封措辞礼貌的邮件，告知其公司发展近况或者关于公司的一些利好消息等，这样不仅能让投资人看到创业者的进取心，还能够持续地吸引投资人的目光。简单有效，何乐而不为？

3. 助己先助人，尽力向投资人提供帮助

在与投资人交谈过程中，得知投资人有接触行业高管、热门的创业公司等一些需求是你能够帮助或者有一定渠道的，如果能向其提供帮助那真是极好的。另外还可以邀请投资人出席即将到来的行业盛会等。总之，提供一些必要的帮助是为创业者和投资人之间建立良好关系的好方法。

4. 融资失败边缘也要做最后的争取

在与投资人第一次会面过去1～2个月之后，在融资失败的边缘也不要放弃融资打算，要知道融资本身就是一个漫长的征程，4~6个月都是很正常的。此时，你要做的就是想方设法促成和投资人的第二次会面。至于见面的理由，可以是产品版本的重大更新、公司战略上的重大调整等。

5. 借助中间人，发掘多方面接触渠道

借助中间人向投资人反复提起你，让投资人从多渠道了解到你的信息，留下深刻印象，对于融资是有很大帮助的。关于中间人，你要选择那些对投资人有影响力的，了解他们的人或者至少是和他们站在同一层次的人。切记这个中间人须是你认识且信任的人，传话不要做得太刻意和夸大。

6. 为投资人创造紧迫感

如何给投资人创造一种紧迫感？首先，你需要制造出多个对你感兴趣的对象，这个是你不能伪造的，然后再回顾一下上文中的第五点。你还需要找到一种方法让还有别人对你感兴趣这一消息传到投资人耳中。如果所有的这些方法都不奏效，你就应该礼貌且巧妙地给投资人打个电话。

总之，创业者在融资过程中，既要有"你不理我，我不怪你"的包容心，也要有"VC虐我千万遍，我待VC如初恋"的强大耐心。同时保持分寸感，与投资人在持续的联系与冒犯之间保持一种微妙的平衡。如此一来，获得创业资金并没有你想象中的那么难。

三、项目路演

路演（包含但不限于证券领域）是指在公共场所进行演说、演示产品、推介理念，及向他人推广自己的公司、团体、产品、想法的一种方式。

融资路演是一件非常重要的事情，一旦获得投资人的青睐，就能帮助你的公司腾飞；相反，如果搞砸路演，你的创业想法可能就永远无法实现。那么，如果做一场超级引人注目、令投资人无法抗拒、难以忘怀的融资路演呢？可以参考图3-6所示的要点。

1. 只要花十分钟

时间非常重要，如果你路演的时间越少，效果反而会更好。

一个闪亮的创意其实并不实在，除非你可以在路演的PPT上展示出来。当然，如果能够更简洁地表现，效率就会越高。那么在讲解路演PPT时，有以下几个要点。

（1）如果你觉得某个PPT"只要花几分钟"，那么就压缩在一分钟之内。

（2）如果你被投资人告知，"只有几分钟的路演时间"，那么就至少要把时间压缩到五分钟之内。

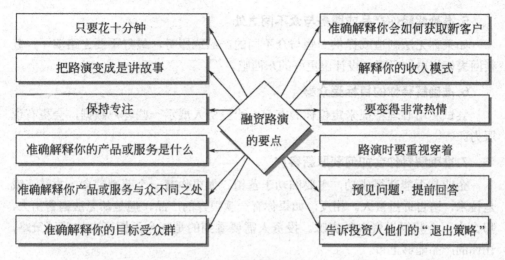

图3-6 融资路演的要点

（3）如果你说，"下面是最后一件事儿"或是类似的，那么请确保这真的是最后一件要说的事儿。

（4）掌握好节奏，不要急急忙忙收尾。

（5）如果你使用幻灯片，在一张幻灯片上停留的时间不要超过三分钟。

2.把路演变成是讲故事

讲故事的方式非常能够抓住听者的关注，这是得到论证过的。此外，这种方式也能让你的路演变得难忘。

投资人其实并不喜欢幻灯片、PPT、估值、数字之类的，如果他们想要那些信息，绝对可以不费吹灰之力就搞定。所以，在投资人面前不要班门弄斧，你可以告诉他们自己的创业故事，每个人都喜欢听好故事，即便是最看重数据的投资人也不例外。

所以，讲一个你的故事，表述清楚。你的重点是要引起投资人的关注，让他们愿意为你投钱，达到这个目标就可以。

3.保持专注

在投资人眼里，时间是他们最宝贵的资产。如果你的路演让投资人感到你非常尊重他们的时间，那么他们也会用投资来回报你。

时间的重要性无需赘述，所以，路演时你需要时刻保持专注。

4.准确解释你的产品或服务是什么

不要只给投资人"画大饼"，要给他们展示一个实实在在的产品。

这里要注意的是，不要过分解释你的产品特性，投资人最关心的其实是你的产品如何能赚到钱。如果你了解这一点，就能容易从投资人那里拿到钱啦。

5. 准确解释你产品或服务与众不同之处

如果你无法制造或提供一些与众不同的产品或服务，最好不要去路演了，赶紧回去好好再钻研下，设计出更好的东西吧。

6. 准确解释你的目标受众群

尝试利用心理特征来定位你的客户，给投资人展示一些客户数据，会更有说服力。

7. 准确解释你会如何获取新客户

企业是否能获得成功，主要归功于营销。如果你有一个营销理念、方法，或是技术，请告诉投资人。相反，如果你有一款很好的产品，但是却无法销售出去，那么也不会获得投资人的青睐。投资人需要看到的是一个无懈可击的营销策略，让你的产品能够上市。

> **微视角**
>
> 如今的投资人会更看重线上营销，因此你需要格外注意。

8. 解释你的收入模式

投资人之所以投资你，无非是希望得到回报。因此路演中投资人问得最多的问题就是，你的公司如何盈利？实际上，他们是在询问你的收入模式。所以，请准确解释自己采用了哪些收入模式，以及如何执行这些模式。

9. 要变得非常热情

一个充满能量热情的创业者，在投资人面前至少能加一半分数。还有一点要注意，就是创业者一定要走出自己的舒适区。

10. 路演时要重视穿着

"以貌取人"的情况虽然看上去有些不公平，但在很多时候还是存在，特别是在路演时，一定要重视你的穿着。别忘了如果你要募集几百万美元的投资，花个几千块买件好衣服不算过分。

11. 预见问题，提前回答

如果投资人对你感兴趣，他们肯定会问很多问题，因此要提前对可能问到的问题做到心中有数。

如果你能回答一些非常棘手的问题，那么无疑可以从另一方面展示你的能力，投资人其实非常喜欢看到这一点。

12. 告诉投资人他们的"退出策略"

一场高水平的融资路演，最重要的就是要向投资人展示"退出策略"。实际上很多初创公司都会忽略这个问题，投资关注的是在短时间内能赚到钱，但是"短时间"是多久呢？通常五年是个比较保险的时间范围。之后你需要做的，就是告诉投资人如何在五年之内赚到钱。

而所谓的退出策略，就是未来你是否会上市？被收购？还是授权连锁？在回答这些问题之前，都要做好准备，比如未来你公司的销售收入或估值可能会达到多少，投资人往往希望得到更多回报，而不是获得一些边际收益。

融资路演技巧大揭秘

创业者想要企业得到长足的发展，融资是必不可少的一步。融资的方式有很多种，其中一种是从投资人、投资机构手中获得资金，这就需要创业者在投资人面前进行融资路演，讲清楚自己项目是做什么的以及为何融资。很多创业者往往不知道该如何进行一场有效的演讲。下面整理了融资路演的一些技巧，仅供创业者学习参考。

融资路演总体上可以分为两个部分。首先是30秒的介绍，在这30秒内，你要能清楚地向投资者传达你的目的，不论听你演讲的对象是否对你的产品感兴趣，是否愿意出钱投资你的创意，这都是最基本的。第二部分是两分钟展示，这个部分是为对你的公司或产品感兴趣的人准备的。

1. 30秒演讲，用三句话让别人明白你究竟要做什么

30秒的介绍其实很容易，简单的三句话就足够了，你可以慢慢来，不用着急，不必急于向听众传达所有的信息。

第一句话：说明你们公司是做什么的。可是偏偏有很多人都搞砸了。有时候直截了当的说明会更好，你只要把听众当成什么都不知道去陈述就可以了。你可以运用"妈妈测试"的方法，如果你不能用一句话让你妈妈明白你在做什么，那么就重新组织语言，直到能用一句话就向你的父母解释清楚为止。当然你是允许使用基础语言的，比如你可以这样说："大家好，我们是Airbnb，我们提供将你们家中的空房间租出去的服务。"这样一说就简单明了，但如果你跟别人说"我们是Airbnb，是一个空间的大集市。"我想没有几个人能听懂你在说什么，可能需要消化一段时间才能领会。因此，学会使用简单的语言对于融资演讲非常重要。

第二句话：你要阐明产品的市场有多大。要说明产品的市场有数十亿美元其实非常简单，比如Airbnb就会说："酒店市场如此之大，假期租房市场也何其之大，更不用说在线酒店预订市场了。"这些简单的数据都能在Google上

查到,也就是说大家都有目共睹,这样一来投资者就一目了然,既然市场如此庞大,那么投资这家公司肯定有利可图。

第三句话:要说明你们公司的增长潜力究竟有多大。比如可以简单地介绍说:我们公司成立于1月份,经过短短一个月的时间就实现了30%的增长,目前的营业规模是多少、收入是多少、用户人数高达多少。你所要做的就是让投资者相信你们公司的增长很快,比如说团队从1月份开始工作,3月份就开发出测试版,到4月份就顺利发布产品。也就是要设法让投资者相信你们团队的工作一路下来进行得很顺利,而非长期步履艰难。但你们不能把自己的公司想象成一家大公司,你们是一家创业公司,增长速度可以很快,不过也允许犯错。

2. 两分钟的演讲,四个关键所在

经过30秒介绍你已经获得部分可能的投资者了,接下来就是两分钟的演讲。很多人在第二部分的时候一讲就是十分钟半小时,有的甚至要讲一个小时,结果讲的都是废话。事实上两分钟就足够了,正所谓言多必失,讲得越多,越有可能提到别人不喜欢的部分,这种时候少说话反而更好。这一部分有四个关键所在。

首先第一个是敏锐的洞察力。风险投资者们可能会问你:"你的秘密武器是什么?你的竞争优势是什么?你有什么独特的见解吗?"其实这些问题都一样,这时候就是你展示的机会了,向这些市场大玩家们展示一些他们不懂或者是不太懂的东西,这种时刻就是顿悟的时刻,你最好在两句话之内就能让他们顿悟。你可以总结所有你将打败其他竞争者的理由,或者你也可以谈谈你产品创意的来源。顿悟的时刻非常有必要,两句话你就能很快知道谁是你要找的人,通过观察不同人的反应你就能进行简单的筛选。因此,具备敏锐的观察力非常重要,不需要搞得很复杂,简单的两句话就能轻松排除不感兴趣的投资者。

第二个,直白表述赚钱方案。很多投资都会回避诸如"你要怎么赚钱"以及"你的商业模式是什么"这类问题,因为他们觉得如果回答"广告"应该会被认为非常愚蠢。其实根本没必要回避,答案是什么就说什么。如果是广告就直接回答广告,Facebook的收入绝大部分不就来源于广告,Google也是这样。当被问到如何赚钱的问题时,不需要绕个弯回答说:"我们打算经营广告,或许是一些虚拟的产品,但我们最终会确定下来的,可能是这个,也可能是这个。"这种模棱两可的答案有说等于没说,你等于是在告诉投资者你不知道要怎么赚钱,你只是有这样几个不同的方案可以选择,一切都还只是个未知数。其实你最好说清楚一点,没必要把你们公司每一种

可能赚钱的方案都一一陈述，只要明确告诉投资者你赚钱的方法是什么就可以了，三年后假如你赚钱的方案不是当初融资说的那一套，投资者也不会怎么样。

第三个是团队。答案已经呼之欲出了，如果你的团队做过一些惊人的事迹，不妨说出来听听，比如"我们是PayPal的创始人"或者"我们是亚马逊的创始人"等。这种话一说出来就能让人眼前一亮，所以如果团队中有什么惊人事迹，一定要说出来，这能帮你赢得投资者的资金。但是如果没有的话，就不要大吹你的团队中有多少个博士之类的，投资者根本就不在乎，他们想知道的是团队中有多少创始人，最好是有2~4名；他们想知道的是这些创始人中有多少是技术型的人才，工程师和商务人士各占多少比例，最好是1：1，如果工程师比例更高还更好；他们想知道的是团队中的人互相认识多久了，最好不要是几天前才相识的，最理想的是彼此之间有私交或是生意往来半年以上；他们想知道的是团队成员是否都是全职工作，这个非常重要，这足以说明成员是否都是全身心投入事业；他们还想知道团队是如何组建起来的，这就是投资者想知道的，也只需要简单的几句话就够了。获得投资者信任的唯一方法就是你们已经有所成就，在投资者看来，团队有所成就其实意味着有赚钱。不过你要小心不要过度自我膨胀，否则会事与愿违。

最后一个是个大问号。到这个时候，你要搞清楚你的演讲是否提到筹资。你必须清楚你到底在讲什么；你必须知道你是否在出售可换股票据，你的融资是否安全可靠；你必须知道你的融资额；你必须设定一个最小融资额。如果你不知道这些，那么投资者会认为你一点都不严肃，或者你的功课根本没有做足。在这一部分你就要说一些专业行话，而不能简单地说"我要筹集一些钱"这类的基础语言。如果你不了解专业行话，可以上Google搜索，非常简单，很快就能学会。

通过以上归纳总结，一个清晰明了的融资演讲内容就展现出来了，这样的框架能避免很多创业者演讲的时候说一大堆又没说到重点，从而错过融资机会的可能。

四、与投资人谈判

融资谈判是企业成功融资过程中的关键一环，充分发挥融资谈判技巧，能帮助企业更好把握融资的主动性，争取更多有利自己的条件。

一般来说,与投资人谈判可分为图3-7所示的几个阶段。

图3-7 与投资人谈判的阶段

1.沟通准备阶段

(1)资料准备　企业需要准备融资资料清单,提前写好商业计划书,并打印相关文件,装订适量的份数以备使用。有条件的企业,可以做成PPT文件并准备进行演示说明。

(2)团队准备　团队准备主要是确定参加陈述与交流的团队人员,并做好人员的具体分工。一般情况下,除了融资主管参加外,负责财务(有时和融资主管是同一个人)、技术和市场的人员也要参加,以备询问。

> **微视角**
>
> 大多数中小企业,团队缺乏,并且不善于交流,在这种情况下可以推选在各方面熟悉情况并对融资计划书比较熟悉的人员,作为主要的陈述与沟通人员。

(3)外部资源的利用　为了提高沟通的效率和效果,有条件的企业可以借助外部力量参与陈述与谈判,做企业融资的财务顾问,可以请政府分管中小企业工作有关部门的负责人参加。

(4)企业现场管理准备　一般资金方与企业交流的地点会选在企业生产经营的现场,以便到现场参观。因此,企业最好对企业生产现场和管理现场做好准备,安排熟悉情况的人员做现场情况介绍。

(5)模拟演练　如果企业团队缺少融资谈判的经验或对融资计划书内容不熟悉,企业应进行融资谈判的模拟演练。演练的目的不是欺骗资金方,而是能够正确传递企业及项目的有关信息,按与融资计划书一致的内容进行陈述,以免和计划书内容冲突,使资金方产生误解和不信任。

2.补充完善资料与政策征询阶段

如果资金方对企业和项目比较感兴趣,企业就可以准备对资金方提出的、现场不能解决的问题,以及商业计划书没有涉及的问题,补充资料或进行法律、政策征询。在该阶段需要注意的事项如图3-8所示。

事项一	如果经过判断，该资金方没有合作的意向，可以不提供资料
事项二	如果涉及企业的商业秘密，可以提供简单的资料或向资金方说明，在进入实质性合作阶段再提供
事项三	不要敷衍了事，应付差事，要认真对待，更不要提供虚假资料
事项四	如果提供的资料需要企业较大投入，则要谨慎考虑，并综合判断资金方的目的和真伪，以决定是否提供或投入，必要时企业可以请融资服务机构或有关专家辅助决策

图3-8 补充完善资料与政策征询阶段的注意事项

3. 实质性谈判阶段

（1）与债权类资金方谈判 与债权类资金方谈判时应注意图3-9所示的问题。

（2）与权益类资金方谈判 与权益类资金方谈判时应注意的问题如图3-10所示。

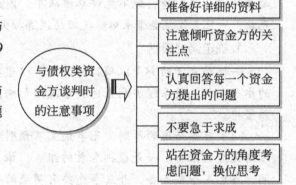

图3-9 与债权类资金方谈判时的注意事项

事项一	请有经验的人员参与谈判
事项二	事先准备好各种合作模式，不要固守一种合作模式
事项三	最好提前设计好有关合作框架，以免措手不及
事项四	对涉及企业重大、长远利益的问题不要轻易表态拒绝或同意，以免造成被动
事项五	在谈判的初期，企业经营者不要轻易出面或表态；不要轻易放弃控股权
事项六	注意了解和询问资金方的想法和意见
事项七	合作过程中，注意展示团队的形象

图3-10 与权益类资金方谈判时的注意事项

> **微视角**
>
> 每次谈判都是企业形象的展示,因此必须予以重视,必要时可请融资顾问提供技术支持。

> **相关链接**

融资谈判需掌握的谈判技巧

融资谈判虽然不同于外交谈判,但也要求参与者有很高的政治业务素质。一是要熟悉政策法规;二是要了解投资环境;三是要清楚项目状况;四是要具备谈判所需的策略和艺术。因此,谈判无论规模大小,层次高低,参与者都要严肃认真对待,绝不允许草率从事。因为协约合同是项目(企业)的生死状,一旦失误就会带来难以挽回的经济损失和不良的政治影响。

1.确定谈判原则

一切融资活动都是以项目为基础,以谈判、签约为先导的。谈判、签约的水平如何,关系经济利益也关系政治影响,所以,以下一些起码的原则必须坚持。

(1)有备而谈的原则 凡事预立不预则废。招商谈判也是如此,事先要做好充分的准备。一是谈判人员的组成,谁主谈,谁配合,谁翻译,谁做顾问,各色人等要齐备,并且事先要有明确的分工和职责;二是方案准备,包括政策法规、投资环境概况、项目的具体情况、合作条件;三是合同、协约文本及相关的资料文件准备;四是承诺与保证措施。有备无患,才会赢得谈判的主动权,达到预期的效果。

(2)利益原则 融资合作的目的是为了促进我们的发展,所以必须根据实际计算核定合理的利益标准。互惠互利可以说是融资的主题歌。

(3)平等对待原则 投资者可以是不同国度、地区、不同制度、体制下来的人,意识形态有差别,贫富有差距,但作为合作者,双方在法律地位上是平等的;对谈判要不卑不亢,进退自如,有礼有节。

(4)政策策略原因 融资不是乞讨、求人,与资金方打交道也不仅仅是个资金技术问题。所以不仅要讲政策,而且还要讲策略,在谈判中,谈判的策略是原则性和灵活性相统一的表现。事先要筹谋,当事要随机应变,注意方式、方法,做到有礼有理有节,这才是谈判的最高水准。

2.选择引入时机

很多企业都急于寻求战略投资者,急于向资金方推销自己的项目和商业计划，但引资有个时机选择问题。

（1）政策利益出现时　即新出台的政策给该企业带来重大商机，比如：①身份证统一更换政策的出台；②医疗垃圾集中处理政策；③国家鼓励节能的小排量汽车；④国家鼓励农业产业化龙头企业的发展；⑤国家鼓励企业信息化水平的提高等。凡与这些政策有关的企业在融资过程中比较有利。

（2）企业获得重大订单时　在资金市场上，上市公司经常会发布获得政府采购或中标消息，会对股价有一定的刺激作用。同样对于非上市企业，获得订单对未来现金流有很大的说服力，在此时引资对企业比较有利。

（3）企业获得专利证书或重要不动产的产权证时。

（4）融资资料已经齐备　融资资料，主要是融资计划书准备完善以后，才是与资金方接触的良机。

3. 维护企业的利益

（1）商业秘密的保护　在企业提供商业计划书和沟通的过程中，肯定会涉及企业的商业计划、市场、技术和策略等。这主要取决于企业对计划书资料分寸的把握以及对投资者身份的判断，也可以用保密协议等方式来制约。

（2）事先确定融资方式与策略　有备则无患，这样可以避免在谈判过程中没有准备，仓促决策。

（3）无形资产价值的合理确定　很多中小企业，尤其是技术密集型企业，在引资过程中会面临这一问题，这主要取决于企业和资金方的协商定价能力。

（4）请外部专家提供支持　对很多企业来说，还没有认识到这一问题的重要性。

企业一般重视实物投资的价值，对智力和外脑的价值不太重视。这是很多中小企业应该改善的地方。当然，对外部专家的利用也需要具有一定的分辨能力。

五、签订投资意向书

投资意向书是双方当事人就项目的投资问题，通过初步洽商，就各自的意愿达成一致认识表示合作意向的书面文件，是双方进行实质性谈判的依据，是签订协议（合同）的前奏。

1. 投资意向书的基本内容

投资意向书的基本内容如图3-11所示。

（1）介绍项目方的基本情况　项目方的基本情况，包括但不限于：公司基本情况、公司结构、公司股东持股情况等。

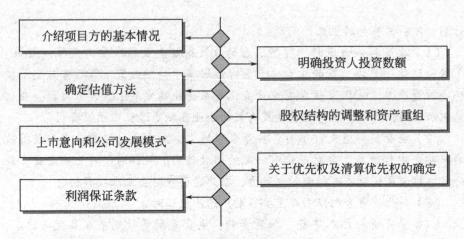

图3-11 投资意向书的基本内容

（2）明确投资人投资数额　明确投资人并且会将投资数额的具体安排（即投资款用途）进行明示。

（3）确定估值方法　在投入基金的时候是购买股份或增资扩股，评估企业价值的时候是以什么方法为基准，是净资产溢价、未来现金流折现，还是市盈率法等，基准日是什么时候，是以去年业绩和资产作为评估基础，还是以预测的今年年底业绩为基础等，投资者在该意向书中均会作出阐述。

（4）股权结构的调整和资产重组　投资方感兴趣的是项目方的主营业务和主营业务相关资产，但由于历史原因，民营企业通常是家族式交叉持股、代持股或者几家公司同样业务但分别持股，这就必须按现代企业要求规范投资主体的投资行为，理顺股权结构，避免同业竞争和关联交易，突出主营业务。

（5）上市意向和公司发展模式　项目方是否有强烈的意愿在资产市场挂牌上市，想在哪里上市，大概想什么时候申请上市，这是投资方十分关心的问题，因为投资方并不可能与项目方白头到老，他们的资金也是通过向出资人募集得来的，所以在一定时候必须退出，返回出资人本金和回报，而理想的退出方式是通过企业上市。

（6）关于优先权及清算优先权的确定　对于投资者而言，绝对不是为获得公司原始股而加入投资项目，投资者在整个投资项目中充当的是小股东的角色，要保护自己的利益，必须进行优先权及清算优先权的设定。这样，在投资意向书中，该部分内容成为关键部分。

（7）利润保证条款　利润保证条款，也就是对赌协议的存在。中国绝大多数的公司不像国外公司那么透明，所以作为买方要得到一定的安全保障，一般会要求卖方进行一定的承诺。"对赌协议"也是小股东保护自己的权利，包括否决权，特别是在公司表决中，如果与大股东同股同权的话，那么小股东的利益，特别是投资溢价的利益完全得不到保障,所以他采取在上市之前保护自己的利益。

2. 投资意向书应注意的问题

企业在与投资方签订投资意向书时,应注意图3-12所示的三个问题。

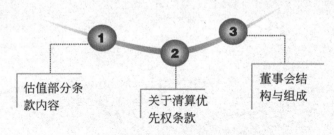

图3-12 签订投资意向书应注意的问题

(1)估值部分条款内容 毫无疑问,估值高总比估值低要好。然而,并不是每股1.00美元的报价都是等值的。在一些情况下,你反而最好接受较低的价格而在其他地方换来更灵活的条件。你还得特别注意给未来员工准备的股票期权池(Stock Option Pool)是包含在投资前估值里,还是包含在投资后估值中。前者对创始人的股份稀释性更强(你将承担100%的稀释成本),后者的稀释成本则将由你和新投资人分担。

(2)关于清算优先权条款 清算优先权是投资意向书中对创业者影响最大的条款。简单地说,在卖掉公司时,清算优先权决定收益如何在普通股和优先股股东之间进行分配。当面对参与优先权的条款时,应该设置使该优先权失效的一个"上限"条件,例如,当投资者的资本回报率在新一轮融资中得到满足时优先权失效。

(3)董事会结构与组成 虽然创业者有充分的理由关注持股比例,因为这是控制力的象征,但是在有风险投资背景的公司,真正的控制取决于管理团队和董事会。因此,董事会的结构,需要董事会批准的事项,投票通过的门限,这些往往比股票份额对公司的控制权有更大的影响。

第四章 股权融资

导言

国家"十二五"规划中明确提出：要提高直接融资比重，发挥好股权投资等直接融资工具的重要作用，引导更多社会资本进入股权投资领域，促进实体经济发展。国家全力推进多层次资本市场建设的政策举措，为股权投资基金和股权投资行业提供了前所未有的发展机遇。

一、股权融资的概念

股权融资是指企业的股东愿意让出部分企业所有权,通过企业增资的方式引进新的股东的融资方式,总股本同时增加。股权融资所获得的资金,企业无须还本付息,但新股东将与老股东同样分享企业的盈利与增长。

二、股权融资的特点

股权融资具有图4-1所示的特点。

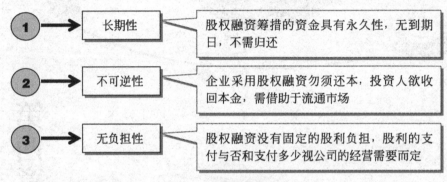

图4-1　股权融资的特点

三、股权融资的优势

股权融资在企业投资与经营方面具有图4-2所示的优势。

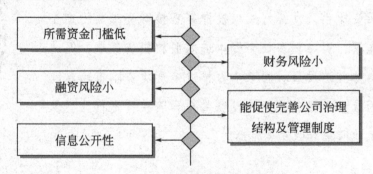

图4-2　股权融资的优势

1.所需资金门槛低

与债券融资相比,股权融资不需要抵押担保,股权融资也不需要偿还和支付高额利息费用,且投资方可以为企业后续发展提供持续的资金支持,并可提供资产重组、企业改制和走向资本市场的技术支持,帮助企业迅速做大。

2. 财务风险小

股权融资与债权融资相比，股权融资的财务风险小。股权投资者以新股东和合作伙伴的身份介入公司，公司资产负债率低，且财务风险小。

3. 融资风险小

对于企业而言，股权融资的风险小于债权融资的风险。股权投资者的股息收入通常随着企业盈利水平和发展需要而定，与发展公司债券相比，公司没有固定付息的压力，且普通股也没有固定的到期日，因而也就不存在还本付息的融资风险。而发行企业债券，必须承担按期付息和到期还本的义务，此种偿债义务不受公司经营状况和盈利水平的影响。当公司经营不景气时，盈利水平下降时，会给公司带来巨大的财务压力，甚至可能导致公司无力偿还到期债务而破产，因此发行企业债券的公司，财务风险较高。

4. 能促使完善公司治理结构及管理制度

投资者除为企业发展提供所需要的资金外，还提供合理的管理制度、丰富的资本运作经验、市场渠道、监管体系和法律框架等，从而在比较短的时间内有效改善企业的治理结构、收入与成本结构，提高企业核心竞争力，并最终带来企业业绩和股东价值的提升。

股权融资需要建立较为完善的公司法人治理结构。公司的法人治理结构一般由股东会、董事会、监事会、高级经理组成，相互之间形成多重风险约束和权力制衡机制。

微视角

建立完善的公司治理结构，降低了企业的经营风险。

5. 信息公开性

在现代金融理论中，证券市场又称公开市场，它指的是在比较广泛的制度化的交易场所，对标准化的金融产品进行买卖活动，是在一定的市场准入、信息披露、公平竞价交易、市场监督制度下规范进行的。与之相对应的贷款市场，又称协议市场，亦即在这个市场上，贷款者与借入者的融资活动通过直接协议。在金融交易中，人们更重视的是信息的公开性与可得性，所以证券市场在信息公开性和资金价格的竞争性两方面来讲优于贷款市场。

四、股权融资的方式

股权融资有图4-3所示的三种方式。

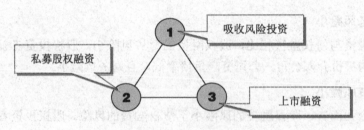

图4-3 股权融资的方式

1.吸收风险投资

风险投资（Venture Capital），简称VC，是指风险基金公司用他们筹集到的资金投入到他们认为可以赚钱的行业和产业的投资行为。

风险投资基金投资的对象多为高风险的高科技创新企业，对风险项目的选择和决策也是非常严谨。在国外，最后签约的项目一般只占全部申请项目的1%左右。

2.私募股权融资

私募股权融资（Private Equity），简称PE，是指通过私募形式对私有企业，即非上市企业进行的权益性投资，在交易实施过程中附带考虑了将来的退出机制，即通过上市、并购或管理层回购等方式出售持股获利。

私募股权融资已经成为越来越多的中小企业融资之首选。

3.上市融资

上市融资是中小板和创业板给中小企业带来新的融资途径，但是企业上市并没有想象的简单，企业上市是一项非常庞大的工程，有很多工作要做，需要企业提前一到两年时间，甚至更长做各项准备工作。

> **微视角**
>
> 以上任何一种股权融资方式的成功运用，都首先要求企业具备清晰的股权结构、完善的管理制度和优秀的管理团队等各项管理能力。

五、风险投资

风险投资，在中国是一个约定俗成的具有特定内涵的概念。广义的风险投资泛指一切具有高风险、高潜在收益的投资；狭义的风险投资是指以高新技术为基础，生产与经营技术密集型产品的投资。

1.风险投资的市场主体

从理论上讲，风险投资主体实际上应该是四个，如图4-4所示。

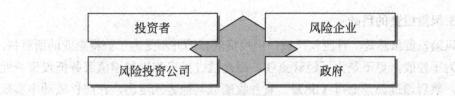

图 4-4 风险投资的市场主体

（1）投资者 对投资者来说，它是风险投资的资金来源，主要由个人和以下机构组成：公司养老（退休）基金、公众养老（退休）基金、慈善机构（捐赠基金）、一般基金、银行控股公司、富裕家庭和个人、保险公司、投资银行、非银行公司、国外资金和其他投资者。

（2）风险投资公司 对风险投资公司来说，它是具体运作风险资金的组织机构。由于风险投资的专业性很强，技艺很高，因此风险投资机构的人员（即风险投资家）往往都是全方位、高素质人才。风险投资公司一般采取有限合伙公司的企业组织形式，主要由两部分人组成：普通合伙人和有限合伙人。

（3）风险企业 风险企业是风险投资领域最基本的一个主体。这主要是指从事高科技产业的中小型企业和具有专业知识的企业家。

（4）政府 政府也可以作为风险投资业的一个投资主体，主要通过政府财政开支或通过发行政府债券的形式形成高科技产业基金——风险投资基金，组建风险投资公司，直接参与到风险投资中去。

2.风险投资的特点

风险投资是由资金、技术、管理、专业人才和市场机会等要素所共同组成的投资活动，它具有图 4-5 所示的六个特点。

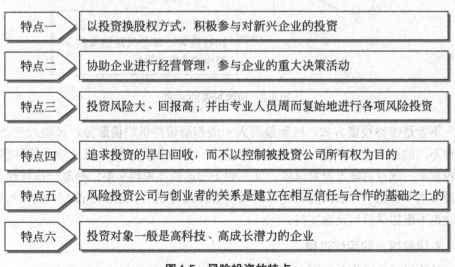

图 4-5 风险投资的特点

3. 风险投资的目的

风险投资虽然是一种股权投资，但投资的目的并不是为了获得企业的所有权，不是为了控股，更不是为了经营企业，而是通过投资和提供增值服务把投资企业做大，然后通过公开上市（IPO）、兼并收购或其他方式退出，在产权流动中实现投资回报。

4. 风险投资的期限

风险投资人帮助企业成长，但他们最终寻求渠道将投资撤出，以实现增值。风险资本从投入被投资企业起到撤出投资为止所间隔的时间长短就称为风险投资的投资期限。作为股权投资的一种，风险投资的期限一般较长。其中，创业期风险投资通常在7~10年内进入成熟期，而后续投资大多只有几年的期限。

5. 风险投资的对象

风险投资的产业领域主要是高新技术产业。

以美国为例，1992年对电脑和软件业的投资占27%；其次是医疗保健产业，占17%；再次是通信产业，占14%；生物科技产业占10%。

6. 风险投资的方式

从投资性质看，风险投资的方式有三种，如图4-6所示。

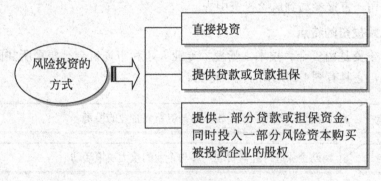

图4-6 风险投资的方式

不管是哪种投资方式，风险投资人一般都附带提供增值服务。风险投资还有两种不同的进入方式，第一种是将风险资本分期分批投入被投资企业，这种情况比较常见，既可以降低投资风险，又有利于加速资金周转；第二种是一次性投入，这种方式不常见，一般风险资本家和天使投资人可能采取这种方式，一次投入后，很难也不愿提供后续资金支持。

7. 风险投资的运作过程

风险投资的运作包括图4-7所示的四个阶段。

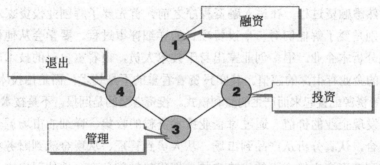

图4-7 风险投资的运作过程

（1）融资阶段　融资阶段解决"钱从哪儿来"的问题。通常，提供风险资本来源的包括养老基金、保险公司、商业银行、投资银行、大公司、大学捐赠基金、富有的个人及家族等，在融资阶段，最重要的问题是如何解决投资者和管理人的权利义务及利益分配关系安排。

（2）投资阶段　投资阶段解决"钱往哪儿去"的问题。专业的风险投资机构通过项目初步筛选、尽职调查、估值、谈判、条款设计、投资结构安排等一系列程序，把风险资本投向那些具有巨大增长潜力的创业企业。

（3）管理阶段　管理阶段解决"价值增值"的问题。风险投资机构主要通过监管和服务实现价值增值，"监管"主要包括参与被投资企业董事会、在被投资企业业绩达不到预期目标时更换管理团队成员等手段，"服务"主要包括帮助被投资企业完善商业计划、公司治理结构以及帮助被投资企业获得后续融资等手段。价值增值型的管理是风险投资区别于其他投资的重要方面。

（4）退出阶段　退出阶段解决"收益如何实现"的问题。风险投资机构主要通过IPO、股权转让和破产清算三种方式退出所投资的创业企业，实现投资收益。退出完成后，风险投资机构还需要将投资收益分配给提供风险资本的投资者。

8.引进风险投资的步骤

引进风险投资的步骤如图4-8所示。

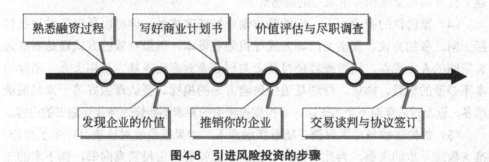

图4-8 引进风险投资的步骤

（1）熟悉融资过程　在进入融资程序之前，首先要了解创业投资家对产业的偏好，特别是要了解他们对一个投资项目的详细评审过程，要学会从他们的角度来客观地分析本企业。很多创业家出身于技术人员，很看重自己的技术，对自己一手创立的企业有很深的感情。其实投资者看重的不是技术，而是由技术、市场、管理团队等资源配置起来而产生的盈利模式。投资者要的是回报，不是技术或企业。

（2）发现企业的价值　通过对企业技术资料的收集、详细的市场调查和管理团队的组合，认真分析从产品到市场、从人员到管理、从现金流到财务状况、从无形资产到有形资产等方面的优势劣势，把优势的部分充分地体现出来，对劣势的部分创造条件加以弥补。要注意增加公司的无形资产，实事求是地把企业的价值挖掘出来。

（3）写好商业计划书　应该说商业计划书是获得创业投资的敲门砖。商业计划书的重要性在于，首先它使创业投资家快速了解项目的概要，评估项目的投资价值，并作为尽职调查与谈判的基础性文件；其次，它作为创业蓝图和行动指南，是企业发展的里程碑。

编制商业计划书的理念如图4-9所示。

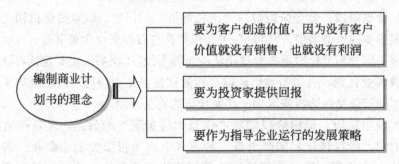

图4-9　编制商业计划书的理念

站在投资家的立场上，一份好的商业计划书应该包括详细的市场规模和市场份额分析；清晰明了的商业模式介绍，集技术、管理、市场等方面人才的团队构建；良好的现金流和实事求是的财务计划。

（4）推销你的企业　下一步就要与创业投资家接触。你可以通过各种途径包括上网、参加会议、直接上门等方式寻找创业资本，但最有效的方式还是要通过有影响的人士推荐。这种推荐使投资者与创业企业家迅速建立信用关系，消除很多不必要的猜疑、顾虑，特别是道德风险方面的担忧。要认真做好第一次见面的准备，以及过后锲而不舍的跟踪，并根据投资家的要求不断修改商业计划书的内容。

（5）价值评估与尽职调查　随着接触深入，如果投资者对该项目产生了兴趣，准备做进一步的考察，为此，他将与创业企业签署一份投资意向书，接下来的工作就是对创业企业的价值评估与尽职调查。通常创业家与投资家对创业企业进行价值评估时着眼点是不一样的。

一方面,创业家总是希望能尽可能提高企业的评估价值;而另一方面,只有当期望收益能够补偿预期的风险时,投资家才会接受这一定价。所以,创业家要实事求是看待自己的企业,配合投资家做好尽职调查,努力消除信息不对称的问题。

(6)交易谈判与协议签订 最后,双方还将就投资金额、投资方式、投资回报的实现、投资后的管理和权益保证、企业的股权结构和管理结构等问题进行细致而又艰苦的谈判,如达成一致,将签订正式的投资协议。在这过程中创业企业要摆正自己的位置,要充分考虑投资家的利益,并在具体的实施中给予足够的保证。要清楚,吸引创业投资不仅是资金,还有投资后的增值服务。

六、私募股权融资

私募股权融资是指一些私有和非上市企业通过私募的方式采用的一种权益性融资方式,简单地说,私募股权融资就是企业通过出让一部分股权而获得私募股权投资的一种融资手段。

1. 私募股权融资的特点

私募股权融资具有以下一些显著的特点。

(1)在资金募集上,主要通过非公开方式面向少数机构投资者或个人募集,它的销售和赎回都是基金管理人通过私下与投资者协商进行的。

(2)在投资方式上,是以私募形式进行,绝少涉及公开市场的操作,一般无需披露交易细节。

(3)多采取权益型投资方式,绝少涉及债权投资。PE投资机构也因此对被投资企业的决策管理享有一定的表决权。反映在投资工具上,多采用普通股或者可转让优先股,以及可转债的工具形式。

(4)一般投资于私有公司即非上市企业,绝少投资已公开发行公司,不会涉及要约收购义务。

(5)比较偏向于已形成一定规模和产生稳定现金流的成形企业,这一点与VC有明显区别。

(6)投资期限较长,一般可达3~5年或更长,属于中长期投资。

(7)流动性差,没有现成的市场供非上市公司的股权出让方与购买方直接达成交易,通常只能通过兼并收购时的股权转让和IPO时才能退出。

(8)资金来源广泛,如富有的个人、风险基金、杠杆并购基金、战略投资者、养老基金、保险公司等。

(9)PE投资机构多采取有限合伙制,这种企业组织形式有很好的投资管理效率,并避免了双重征税的问题。

(10)投资退出渠道多样化,有IPO、售出、兼并收购、标的公司管理层回购等。

2.私募股权融资的意义

私募股权融资具有图4-10所示的意义。

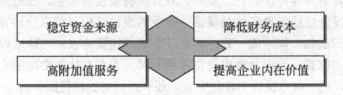

图4-10 私募股权融资的意义

(1)稳定资金来源 中小企业较难获得银行贷款,而且银行贷款要求抵押担保,收取利息,附加限制性契约条款,并可能在企业短期还款困难时取消贷款,给贷款企业造成财务危机。和贷款不同,私募股权融资增加所有者权益,而不是增加债务,因此私募股权融资会加强企业的资产负债表,提高企业的抗风险能力。私募股权融资通常不会要求企业支付股息,因此不会对企业的现金流造成负担。投资后,私募股权投资者将成为被投资企业的全面合作伙伴,不能随意从企业撤资。

(2)高附加值服务 私募股权基金的合伙人都是非常资深的企业家和投资专家,他们的专业知识、管理经验以及广泛的商业网络能够帮助企业成长。私募股权基金投资企业后,成为了企业的所有者之一,因此和现有企业所有者的利益是一致的。私募股权基金会尽其所能来帮助企业成长,例如开拓新市场、寻找合适的供货商以及提供专业的管理咨询等。

(3)降低财务成本 发达国家企业的CFO(首席财务官)的一个重要职责就是设计最优的企业资本结构,从而降低财务成本。通过股权融资和债权融资的合理搭配,企业不仅可以降低财务风险,而且可以降低融资成本。获得私募股权融资后的企业会有更强的资产负债表,会更加容易获得银行贷款,进而降低贷款成本。

(4)提高企业内在价值 能够获得顶尖的私募股权基金本身就证明了企业的实力,就如上市达到的效果类似,企业会因此获得知名度和可信度,会更容易赢得客户,也更容易在各种谈判中赢得主动。获得顶尖的私募股权基金投资的企业,通常会更加有效率地运作,可以在较短时间内大幅提升企业的业绩。企业可以通过所融资金扩大生产规模,降低单位生产成本,或者通过兼并收购扩大竞争优势。企业可以利用私募股权融资产生的财务和专业优势,实现快速扩张。

3.私募股权融资的不足

私募股权融资的不足主要表现在图4-11所示的两个方面。

图4-11　私募股权融资的不足

（1）原股东股份被稀释，股东之间的权利义务关系发生变化　企业进行融资之后，伴随着是企业对股权进行出让，一些股东的原有股权也会被稀释，进而导致企业股权关系发生变化，随之而来的股东的权利义务也发生变化。企业的管理权发生变化，开始向股权出让后的控股股东所有。进行私募股权融资之后，出让的股份转移给新进入的股东，原有的股东股份减少，随之带来的管理权也逐步减弱，甚至有可能将创始人踢出公司的危险，对企业来说也是一种风险。

（2）投资者可能会改变企业发展战略　作为私募股权融资的投资者，往往希望能尽快得到投资回报，因而也较难顾虑到企业的长远发展战略，这种急于获得回报的投资方式在一定程度上会影响到企业的战略发展意图，可能会对企业长远发展不利。

> **微视角**
>
> 现今私募股权融资已经逐渐成为了企业融资的主流方式，而私募股权融资有利有弊，是否要进行私募股权融资需要企业根据自身发展来权衡。

4. 私募股权融资的流程

股权融资的过程大致可以归纳为以下三个阶段。

（1）签订中介，寻找意向投资机构　这一阶段大致可分为六步，如图4-12所示。

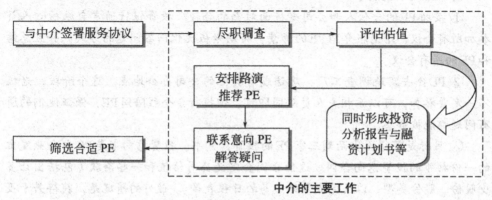

图4-12　私募股权融资的第一阶段

图4-12所示说明：

① 首先，企业方和投资银行（或者融资顾问）签署服务协议。这份协议包含投资银行为企业获得私募股权融资提供的整体服务。这里值得一提的是，市场上好的中介也是会有底线的，有些投资银行会对企业进行初步的筛选，觉得这家企业靠谱之后才会接这项服务，而不是给钱就做。

② 随后投资银行会和企业组建专职团队，并深入企业进行详尽调查。

③ 通过详尽调查的数据，投资银行与企业共同为企业设立一个合理估值，同时准备专业的私募股权融资材料。

④ 投资银行开始和相关PE的合伙人开电话会议沟通，向他们介绍公司的情况。投资银行会把融资材料同时发给多家PE，并与他们就该项目的融资事宜展开讨论。投资银行在推荐这家企业给投资机构的过程中，也会举办一些路演。这个阶段的目标是使最优秀的PE合伙人能够对公司产生兴趣。

⑤ 这个时候，投资银行会代替企业回答PE的第一轮问题，并且与这些PE进行密集的沟通。目标是决定哪一家PE对公司有最大的兴趣，有可能给出最高的估值，有相关行业投资经验，能够帮助公司成功上市。

⑥ 过滤、筛选出几家最合适的投资者。这些投资者对企业所在行业非常了解，对公司非常看好，会给出最好的价钱。

（2）实地考察，签订意向投资协议书　这一阶段包括五个步骤，如图4-13所示。

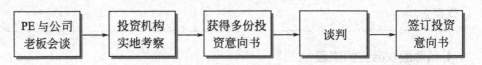

图4-13　私募股权融资的第二阶段

图4-13所示说明：

① 安排PE的合伙人和公司老板面对面的会谈。投资银行通常会派核心人员参加所有会议，给老板介绍PE的背景，帮助老板优化回答问题的方式，并且总结和PE的所有会议。

② PE会去实地调查工厂、店铺或者其他的公司办公地点。这个阶段，老板不一定要参加，可以派相关人员陪同即可。但投行会全程陪同PE，保证他们的所有问题都能被解答。

③ 目标是获得至少两到三家PE的投资意向书。投资意向书是PE向企业发出的一份初步的投资意向合同。这份合同会定义公司估值和一些条款（包括出让多少股份、股份类型，以及完成最终交易的日程表等）。最好的情况是，获得若干投资意向书，形成相当于拍卖形式的竞价，以期为企业获得最好的价格。

④ 投行会和老板共同与私募股权投资基金谈判，帮助老板获得最合理的估值和条款。

⑤ 由老板决定接受哪个私募股权投资基金的投资，并签订投资意向书。

（3）过会与打款　这一阶段可分为四个步骤，如图4-14所示。

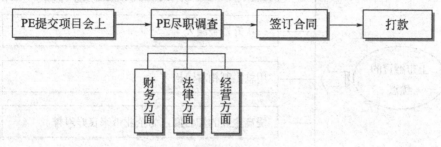

图4-14　私募股权融资的第三阶段

图4-14所示说明：

① 基本上这个时候投资经理们就会拿着第一阶段投行准备的项目资料上会了。

② 到这一步，有些PE同样会做一些尽职调查，尽职调查的主要方向是财务、法律和经营三个方面。投资银行将协调组织这整个过程，并且保证公司的律师、审计师和PE的律师、审计师等相关人员紧密顺利地合作。

③ 尽职调查结束后，PE将会发给我们最终投资合同。这份合同超过200页，非常详细。投资银行会和企业老板一起与PE谈判并签署协议。这是一个强度非常高的谈判过程。

④ 签署最终合同，资金在15个工作日到公司账户上。在投资后，私募股权投资基金会向企业要求至少一个董事的席位。但是，老板在董事会会有过半数的董事席位。通常，董事会会议一年四次。在投资后，私募股权投资基金会要经过审计的企业年度财务报告。

七、上市融资

上市融资指的是将经营公司的全部资本等额划分，表现为股票形式，经批准后上市流通，公开发行，由投资者直接购买，短时间内可筹集到巨额资金。股票上市可以在国内，也可选择境外，可以在主板上市也可以在高新技术企业板块，如美国（NASTAQ）和香港的创业板。

发行股票是一种资本金融资，投资者对企业利润有要求权，但是所投资金不能收回，投资者所冒风险较大，因此要求的预期收益也比银行高，从这个角度而言，股票融资的资金成本比银行借款高。

1.上市融资的优点

具体而言,上市融资的优点如图4-15所示。

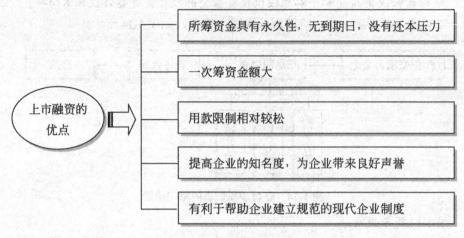

图4-15 上市融资的优点

> **微视角**
>
> 特别对于潜力巨大,但风险也很大的科技型企业,通过在创业板发行股票融资,是加快企业发展的一条有效途径。

2.上市融资的不足

上市融资的不足主要表现在图4-16所示的四个方面。

表现一	上市的条件过于苛刻,门槛较高,一些企业很难具备主管部门规定的上市条件
表现二	上市时间跨度长,竞争激烈,无法满足企业紧迫的融资需求
表现三	企业要负担较高的信息报道成本,各种信息公开的要求可能会暴露商业秘密
表现四	企业上市融资必须以出让部分产权作为代价,分散企业控制权,从而出让较高的利润收益

图4-16 上市融资的不足

公司上市融资后，在满足法律法规要求条件下，可以在适当时机向特定的投资者定向增发股票，也可向证券市场投资者公开增发股票。由于定向增发会改变公司的股东结构，因此募资对象一般要选择公司利益相关者、共同行动人或者战略投资者。

3. 上市融资的时机选择

企业上市的最好时机是在企业估值最高时。判断企业估值，抓住上市时机，需着重观察图4-17所示的内容。

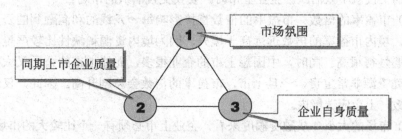

图4-17 判断企业估值需观察的内容

（1）市场氛围　股市热时，企业的估值就会高。

比如，2007年中国股市达到最高点6000点，如果在该年发股票，市盈率极高，甚至达到60倍，相当于1元利润能换出60元。所以，观察市场氛围很重要。

（2）同期上市企业质量　如果同期上市的企业质量都不好，那么整个市场氛围就会受到影响，从而降低企业的估值。

（3）企业自身质量　如果企业自身质量不好，即使有好的市场氛围、好的同期上市公司，也无法有很高的估值。因此，企业自身质量要好。

4. 上市融资的地点选择

一般来说，企业的上市地点分为境内和境外两个市场。企业选择市场时，主要考虑图4-18所示的因素。

（1）上市的门槛　一般来说，境外门槛比境内门槛低，如美国纳斯达克。从上市的便捷程度上讲，境外也比境内便利。因为在境内资本市场上市，需要经过七个审核委员会的审核，如果其中有两个以上委员会不同意，那么就无法上市；

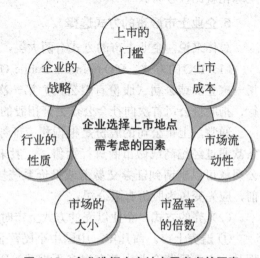

图4-18 企业选择上市地点需考虑的因素

而在境外资本市场发行上市，只要按照法律规定注册公司、公布信息、发行股票，且股票被购买，企业就能上市。

（2）上市成本　企业上市的前期规划、前期重组都要发生一些成本费用，此外上市过程中的中介机构费用、会计师费用、律师费用、券商费用、财务顾问费用等都是成本。另外，考虑进公关费用，境外上市成本会比境内低一些。

（3）市场流动性　市场流动性，即股市的股票交投是否活跃。总体来看，大的资本市场，比如美国、英国等发达资本市场，交投相对活跃，而如菲律宾等资本市场的交投就不太活跃。企业上市时，要找交投活跃的市场。

（4）市盈率的倍数　市盈率的倍数直接影响每一元钱的利润融到的资金。通常来说，境内市盈率的倍数远远高于境外，因为境内资源稀缺性比较严重，股民能将股票炒得很高。同时，中国想上市的企业很多，而能上市的公司又太少，因此境内壳资源非常宝贵，一旦上市，市盈率的倍数会急剧升高。因此，仅看市盈率的倍数，上市应选境内。

（5）市场的大小　从融资额度来看，企业上市必须有一个比较大的市场。

（6）行业的性质　每个资本市场喜爱的行业是不一样的。

比如，在美国纳斯达克，利润率再高的传统行业也无法上市，但是高科技行业哪怕亏损也可能上市；在中国的香港，房地产公司一般都能卖到好价格，但在美国纳斯达克却卖不出去好价格。

（7）企业的战略　企业下一步的战略是成为全国化的公司还是全球化的公司，这一点很重要。如果企业的战略是成为全国化的公司，考虑综合因素，建议在境内上市，因为境内市盈率倍数高；如果企业的战略是成为全球化的公司，那么建议在美国上市，因为美国代表全球风向标，若企业在纳斯达克或纽约交易所上市，全球化就比较容易。

5.企业上市融资的方式选择

总体来说，企业上市的方式有两大类，IPO的方式和壳的方式。

（1）IPO的方式　IPO是Initial Public Offerings的简称，即首次公开募股，是指一家企业或公司（股份有限公司）第一次将它的股份向公众出售（首次公开发行，指股份公司首次向社会公众公开招股的发行方式）。

通常，上市公司的股份是根据相应证券会出具的招股书或登记声明中约定的条款通过经纪商或做市商进行销售。一般来说，一旦首次公开上市完成后，这家公司就可以申请到证券交易所或报价系统挂牌交易。有限责任公司在申请IPO之前，应先变更为股份有限公司。

（2）壳的方式　企业以壳的方式上市时，主要有图4-19所示的两个途径。

① 造壳上市。前几年，中国中小民营企业上市主要采用这种方式。其上市过程是，中小民营企业内部有很多不规范等因素，而且在国内受到不公正待遇，于

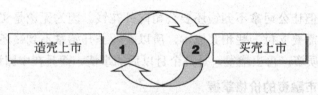

图4-19 企业以壳的方式上市途径

是想去国外上市,但是用国内的主体不容易上市,便在国外架一个壳公司,比如在避税天堂开曼、BVI等地方花钱注册一个公司,再去香港控股一家公司,然后将香港的公司和境外的公司合并,成为中外合资企业或外资企业,最后把国内业务全部装进壳里上市。

② 买壳上市。即壳已经存在,企业与壳股东判断,以合适的条件买过来,然后上市。买壳上市相对IPO而言,可以规避很多法律程序,不用申报大量材料,避免商业秘密泄露,获得财富利益。然而,买壳上市也存在一些风险,最大的坏处是拿不来钱还要付钱,其次壳里面装了好多地雷,如果没有发现,就会爆炸。

作为企业家,如果要买壳上市,就要考虑以下问题。

第一,行业前景。如果壳买来以后,要将原来的低档传统加工业换成高科技产业,就不用考虑壳的行业前景,但如果想继续用壳的主业,就要考虑其行业前景。

第二,公司业绩。买壳上市的公司业绩不可以太差。

第三,股权结构。一股独大或有控股大股东的壳,买壳的成本会很高,因此要买股权分散的壳,保证最高股份不超过10%,以便各个击破。

第四,企业装进去的业务量大小。如果业务量不够大、盈利不大而股本规模大,那么每股收益不会高,用很大的壳装很少的业务,即便盈利,每股收益也会很低。

第五,现时股票的价格。

第六,资产的质量。如果还想继续用其资产,就要考虑质量问题。

第七,债务。债务分为两部分债务,看得见的债务和看不见的债务,如果债务规模太大,公司现金流又不多,企业入主后就会面临破产还债的危机。

第八,员工数量。如果公司有一大堆人,而且没有核心竞争力,那么入主后公司负担会很重,因此购买前要和股东协议好,只买壳不买员工。

(3) IPO和壳的区别　IPO和壳的区别主要表现在以下方面。

① 上市便利程度。从上市便利程度的角度看,壳的方式快,IPO的方式慢,尤其是在境内。企业在境内上市是一个漫长的过程,如果用IPO的方式,就要做好"万里长征"的准备;壳的方式相对简单,只要选准壳、谈好价格,六个月至一年之内就能成功上市。

② 钱的角度。从钱的角度看,企业上市初期,IPO的方式能让公司拿到钱,

而壳的方式不但让公司拿不到钱还要公司向外花钱。因为无论是买壳上市，还是借壳上市，都需要支付一些相关成本，所以企业一开始拿不到钱还得花钱。壳买来后，装进优质资产再去增发，是几个月以后的事情，而且在中国增发并不容易。

6.企业上市融资的价格掌握

企业上市的价格很重要，上市的一个很重要目的是获取资金，如果价格太低，拿回的钱就会少。从企业的角度讲，上市最好的价格是能让企业以最低的利润取得最多的钱。

要使企业的股票卖得很好，就要掌握以下一些知识。

（1）知道IPO如何定价　一般来说，IPO是通过模型定价。模型，即企业的估值，企业价值一般等于企业的净利润乘以PE的倍数。

（2）知道如何提高价格　上市企业要提高股票价格，有两个很重要的方面：企业的实力、包装。企业的实力、包装很重要。实力即企业利润率。

（3）利润的含金量要高。含金量就是一元钱利润带来的现金量，有的利润有含金量，有的利润没有含金量。如果含金量不高，利润再高也没有意义。

八、股权融资的风险

股权融资的风险主要有图4-20所示的几种。

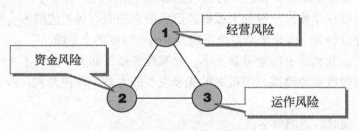

图4-20　股权融资的风险

1.经营风险

上市公司偏好股权融资，对股权融资带来的突出问题是资本使用效率不高，即大量廉价权益资本的流入，使上市公司的投资行为非常随意。在公司上市以后，轻易地把资金投到自己根本不熟悉、与主业毫不相干的产业中，放弃自己的长期发展战略，转而千方百计迎合市场喜好，在项目环境发生变化之后，又随意地变更投资方向。这样做的行为，从长远看，必然影响公司的盈利，影响公众投资的回报，最后会影响全社会投资的积极性。

2.资金风险

企业的发展离不开资金，企业发展越好，其对资金的需求量也越大，无论何种模式,公司上市的目的都包含了融资的考虑。股权融资是通过发行股票进行的融资活动,在股权融资活动中,提供资金者即股东,对入股资金不能要求偿还,但可从公司的收益中得到回报。从短期看,满足了投资者对股票的需求,为投资者提供了获取投机收益的可能,但从长远看,它必然影响公司盈利,影响公众投资的回报。

3.运作风险

我国证券市场还不够成熟,证券市场上对股权融资的投向审批不严,上市公司管理者违反法律法规的规定,在从事证券的发行、交易、管理或者其他活动中扰乱市场秩序,侵害投资者合法权益的行为并不少见,主要表现在以下两个方面。

(1)证券欺诈行为的存在 我国证券市场还不是很完善,证券监管力度不够,容易发生内幕交易、欺诈客户等现象。

(2)其他违规行为 随着市场的不断发展,证券市场违规行为出现新形势,呈现新特点,主要有以下两种情形。

① 上市公司擅自回购本公司股票。指上市公司违反《公司法》的有关规定,未经有关部门批准,擅自回购本公司股票的行为。

② 为股票交易违规提供融资,就是指某些证券经营等金融机构违反国家有关法规,为股票交易提供融资的行为。

九、股权融资的风险防范

对于融资方来讲,企业在引入外来资本进行股权融资时,防止控制权的旁落(不一定体现为股权比例,有时,哪方占有董事会成员的比例多少也会成为控制与否的关键问题)成为控股股东应考虑的首要问题。具体措施如图4-21所示。

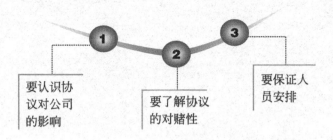

图4-21 股权融资的风险防范措施

1.要认识协议对公司的影响

一般来讲,VC、PE在向一家公司注资时,为保护其自身利益,投资机构一般会要求与融资公司签订投资协议,约定融资方要向投资方提供业绩保证或者董事会人员安排保证等。公司控股股东在签订协议前，一定要充分认识到这些协议对公司控制权的影响，要客观估计公司的成长能力，不要为了获得高估值的融资额，做出不切实际的业绩保证或不合理的人员安排保证。

2. 要了解协议的对赌性

控股股东在与投资方签订业绩保证协议之前，要正确认识到该协议的对赌性，即业绩达到一定条件时，融资方行使一种权利；业绩未达到一定条件时，投资方行使一种权利。不能仅仅考虑赢得筹码时所获得的利益，而更应考虑输掉筹码时是否在自己能承受的风险范围之内。

3. 要保证人员安排

在以董事会为核心的法人治理结构中（股份公司尤为重要），投资方要求融资方进行董事会人员的安排保证时，一定要首先保证自己的人员安排以及人员安排是否能代表自己的利益，并能使上述人员服从自己的利益安排；融资方应在公司章程或投资协议中，对董事会如何获得授权、获得何种授权、在怎样的条件下获得授权、行使权利的期限以及对董事会行使权利不当时的救济等条款，都应有详细规定。

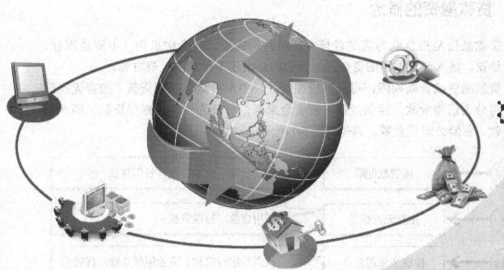

第五章 贷款融资

导言

向金融机构申请贷款是企业融资的主要方式，这种方式不是发债，也不是发股，就是从贷款机构申请贷款来实现融资的目的而已。

一、贷款融资的概念

贷款融资是指企业为满足自身生产经营的需要,同金融机构(主要是银行)签订协议,借入一定数额的资金,在约定的期限还本付息的融资方式。

贷款融资按贷款期限,可分为短期贷款、中期贷款、长期贷款;按有无担保品,可分为信用贷款、担保贷款;按资金来源,可分为政策性银行贷款、商业银行贷款、保险公司贷款等。具体如图5-1所示。

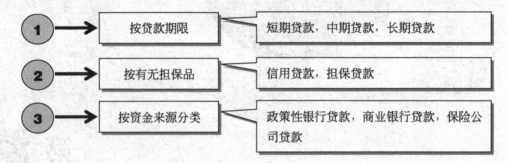

图5-1 贷款融资的分类

二、贷款融资的特点

银行贷款融资的特点如图5-2所示。

特点一	企业利用银行贷款融资,在贷款获准后,即以客户的名义在银行开立贷款账户,用于贷款的提取、归还和结存核算
特点二	银行贷款融资的管理比较简单,但最初申请比较复杂,需要企业有详尽的可行性研究报告及财务报表
特点三	由于银行种类繁多,分布广泛,而且贷款的类型、期限多种多样,一般利用银行贷款融资相对比较方便、灵活
特点四	银行贷款融资风险较小,一般不涉及税务问题。但银行作为企业,也追求利润最大化,一般贷款利率较高
特点五	银行贷款融资不涉及企业资产所有权的转移,但一旦银行因企业无力偿还而停止贷款,则可能使企业陷入困境,甚至导致企业破产

图5-2 贷款融资的特点

三、贷款融资的条件

企业在经营过程中，常常会出现资金短缺的情况。在这时，申请银行贷款无疑是一个好的办法。不过，企业申请银行贷款首先应该符合基本条件，具体如图5-3所示。

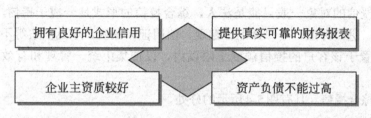

图5-3　贷款融资的条件

1.拥有良好的企业信用

企业信用包括两方面：一是结算信用；二是借款信用。也就是说，借款人企业的现金结算情况正常，未发生过退票、票据无法兑现和罚款等不良现象，同时具备良好的还款意愿。

2.企业主资质较好

企业申请贷款时，贷款机构除了会对企业各方面进行考察以外，还会对企业主的资质进行考察，比如个人信用情况、收入情况、对企业未来的规划等，这都是企业能否成功获贷的重要因素。

3.提供真实可靠的财务报表

申请贷款前，贷款机构会考察企业的财务状况，若财务管理上出现缺少规定、管理混乱等现象，贷款申请极有可能受阻，因为这类企业在贷款机构眼中的贷款风险较大。

4.资产负债不能过高

按照相关规定，借款企业的资产负债率不能超过百分之六十。而且，财务报表中年度经营性净现金流不能为负数，同样利润也不能为负数。

> **微视角**
>
> 企业申请贷款时，如果能提供贷款机构认可的抵押物做担保，将更有利于贷款的申请，所以能提供抵押物的企业就尽量选择抵押贷款，以保障顺利获贷。

四、综合授信贷款

综合授信是指商业银行在对客户的财务状况和信用风险进行综合评估的基础上,确定能够和愿意承担的风险总量,即最高综合授信额度,并加以集中统一控制的信用风险管理制度。

综合授信的对象一般只能是法人,综合授信的形式是一揽子授信,即贷款、打包放款、进口押汇、出口押汇、贴现、信用证、保函、承兑汇票等不同形式的授信都要置于该客户的授信额度上限以内,以便集中统一管理和有效控制信用风险。

实行综合授信,具有图5-4所示的好处。

对客户来说:既获得了银行的信用支持,解决了资金困难,又减少了资金占压

对银行来说:则争取和稳定了优质客户,推动了各种信用业务的发展,增强了自身的竞争力,并有效地控制了信用风险

图5-4 实行综合授信的好处

同时,实行综合授信,简化了授信的手续。只要在综合授信额度内,客户根据需要可以随时向银行提出授信申请,银行可以立即放款,简化了内部审批的程序,提高了工作效率,实现了一次授信,多次签约。因此,综合授信已得到银行的普遍采用。

微视角

银行采用这种方式提供贷款,一般是对有工商登记、年检合格、管理有方、信誉可靠、同银行有较长期合作关系的企业。

相关链接

中国银行的特色贷款融资——授信额度

一、产品说明

授信额度是指中国银行向客户提供的一种灵活便捷、可循环使用的授信

产品,只要授信余额不超过对应的业务品种指标,无论累计发放金额和发放次数为多少,均可快速向客户提供短期授信。

授信额度安排灵活,总授信额度可细分为贷款额度、开立信用证额度、出口押汇额度、开立保函额度、开立银行承兑汇票额度、承兑汇票贴现额度等分项额度。授信额度适用于期限在一年以内(含一年)的各种授信业务,其中开立保函额度项下的投标保函、履约保函、预付款保函、关税付款保函和海事保函的期限可放宽到一年以上。

二、产品特点

(1)为企业短期财务安排提供便利。由于授信额度可以循环使用,企业财务计划的制订因此变得更加明确和有条理,不必为经常性业务特别安排资金。

(2)满足企业基本融资需求。授信额度按贷款、信用证和保函等多种授信业务品种设定了单项的额度,基本覆盖了客户主要的融资需求。经银行同意,其中各单项产品的额度可相互调剂使用,交叉互换,提高了额度的利用率。

(3)简化企业授信审批手续。客户获得授信额度后,将根据协议的规定,自行决定额度使用方式和履约时间,无须逐笔逐项报授信银行审批,避免了单笔授信审批时须履行的资信调查、担保落实等手续。

(4)授信额度与现有授信产品的区别如下表所示。

授信额度与单项授信的区别

项目	授信额度	单项授信
服务范围	多种授信产品组合,为客户提供全面的融资便利	只注重客户某一方面的融资需求,提供单项服务
权力行使	客户对选择单项或多个授信品种有相当的自主使用权,且手续简便	单项授信需具体判断客户资格,手续繁琐
调剂额度	各单项产品的额度可相互调剂使用,提高额度使用率	逐笔对应相关业务,约束性强

三、期限

短期授信业务包括期限在一年以内(含一年)的贷款,开证、保函、押汇等,其中,投标保函、履约保函、预付款保函、关税付款保函和海事保函的期限可放宽到一年以上。

四、担保

授信额度采用信用放款或担保方式,担保方式应采用最高额保证或最高额抵押,覆盖额度项下各授信全部的风险。

五、利率

授信额度的利率按照分项额度有不同的划分。

六、相关费用

为客户提供中间业务所提取的费用。

七、适用客户

凡属于中国银行授信对象的独立企业法人客户均可按规定核定授信额度。

八、申请条件

（1）客户必须符合《贷款通则》及中国银行授信管理政策关于借款人的各项基本条件和要求。

（2）客户须为经营状况和财务状况良好的大中型制造类企业、进出口企业、商业企业或合资企业，所属行业发展前景良好，在行业中有竞争优势。

（3）客户在中行建立了稳定的合作关系，历史记录良好。

（4）客户业务经营特点与授信额度操作模式相符，且业务进展能够得到中行全面有效监督。

（5）客户担保方式满足中行要求。

九、提交材料

（1）企业营业执照。

（2）贷款卡。

（3）企业财务报表及中行要求提供的其他材料。

十、办理流程

1. 授信额度业务发起阶段

公司业务部门客户经理接受客户授信额度申请，开展资信调查。在此阶段，公司业务部门将执行以下方面的程序。

（1）按照中行客户评级及准入标准进行客户资格审查。

（2）收集客户基本资料和信息，包括关于授信额度报批的请示、办理年检手续的营业执照、贷款证、近三年的财务报表。

（3）收集保证人的营业执照、近三年的财务报表、抵押（质押）物的清单、价值评估文件、物权权属证明文件、上报单位对抵押（质押）物的核查报告。

（4）起草授信额度协议，如借款人（或保证人、抵押人、质押人）为外商投资企业或股份制企业，应出具含相关内容的董事会决议（有法定人数董事会成员签名）和授权书。

（5）编写授信额度评审报告。

2.授信额度执行协议阶段

授信额度评审报告经风险管理部或相应程序批准后,授信额度进入执行阶段。

五、信用担保贷款

信用担保是指企业在向银行融通资金过程中,根据合同约定,由依法设立的担保机构以保证的方式为债务人提供担保,在债务人不能依约履行债务时,由担保机构承担合同约定的偿还责任,从而保障银行债权实现的一种金融支持方式。

信用担保贷款可分为图5-5所示的三种。

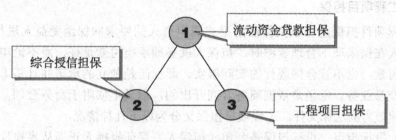

图5-5 信用担保贷款的分类

1.流动资金贷款担保

流动资金贷款是为解决企业在生产经营过程中流动资金的不足而发放的贷款。这种贷款的特点是贷款期限短(一般为一年)、周转性较强、融资成本较低,是中小企业融资中最常采用的贷款形式。担保公司将对申请企业进行调研,对于通过申请的企业,担保公司将为企业向银行提供担保,由银行发放贷款。通过担保公司的担保,可以解决中小企业抵押、质押物不足的问题,贷款额度得到信用放大。

比如,某服装企业,企业本身并无银行认可的抵押物,老板个人拥有别墅1套,原值800万元,在银行按照6折计算,可以贷款480万元,距离企业的要求有一定距离;经过担保公司审核后认为,该企业整体经营良好,可以通过担保800万元的方案。最终,以同样的抵押物,企业最终得到的是800万元的流动资金贷款,满足了企业的需求。

2.综合授信担保

综合授信业务主要用于企业流动资金贷款需要,内容包括流动资金周转贷款、银行承兑汇票的承兑及贴现、商业汇票的担保、国际结算业务项下融资等单一或混合项目。企业可在批准的授信额度、期限和用途内根据自身实际情况需要将各种贷款方式进行组合、循环使用。该业务的特点是为企业提供了灵活、可靠的资金支持，企业可以根据实际情况自由安排资金的使用时间，提高了资金使用效率。

比如，某生产型企业，产品供不应求，由于市场拓展快，企业面临扩张的压力较大，在购买了部分设备后，导致流动资金出现了800万元左右的短缺，此外，由于其产品有一定季节性，在每年的夏、秋两季是生产高峰，需要购买大量原材料，预计到时会有缺口800万元；而在其他时间，资金的需求并不紧张。企业有厂房，价值300万元左右，若按照银行的一般操作，无法弥补资金缺口。担保公司根据企业实际情况，以厂房抵押和出口退税账户质押的手段，给予企业800万元综合授信担保，其中流动资金400万元，承兑汇票额度400万元。企业可以在夏、秋两季资金紧张时启动承兑汇票额度，在其他资金宽裕的时间则可以将额度闲置起来，节约了企业的财务费用。

3.工程项目担保

工程项目担保是以出具保函的形式应申请人的要求向保函受益人进行承诺。当受益人在保函项下合理索赔时，担保人就必须承担付款责任，而不论申请人是否同意付款，也不管合同履行的实际事实。即保函是独立的承诺并且基本上是单证化的交易业务。保函是依据商务合同开出的，但又不依附于商务合同，是具有独立法律效力的法律文件。工程项目担保又分为以下几种情况。

（1）投标担保　投标担保是公司（担保人）保证投标人正当从事投标活动向招标人所作出的一种承诺。投标人在投标报价之前或同时，向业主或招标人提交投标保证金或投标保函，保证投标人一旦中标，则受标签约承包工程。当投标人不履行其投标所产生的义务时，公司将在投标保函所规定的金额限度内向业主或招标人进行赔偿。投标担保主要担保投标人在开标之前不中途撤销投标和片面修改投标条件，收到中标通知书和合同书后，中标人应在规定的时间内保证与业主签约和交付履约保函。否则，公司（担保人）将负责赔偿业主一定的损失，从而制止投标人的恶性、低价竞标。

（2）工程履约保证担保　履约保证担保就是保证合同的完成，即根据业主为一方、承包商为另一方所签订的施工合同，保证承包商承担合同义务去实施并完成某项工程。

履约保证担保可以采用银行保函或保证担保公司担保书、履约保证金的方式，也可以引入承包商的同业担保，即由实力强、信誉好的承包商为其他承包商提供履约保证担保。

（3）支付担保　保证担保人对业主资信状况进行严格审查，向承包商出具支付保函，保证工程款及时支付到位。一旦业主违约，保证担保人将代为履约。实行业主支付担保可以有效防止拖欠工程款现象发生。

（4）预付款担保　付款保证担保就是承包商与业主签订承包合同的同时，向业主保证与工程项目有关的工人工资、分包商及供应商的费用,将按照合同约定的由承包商按时支付,不会给业主带来纠纷。

 相关链接

我国小微企业融资信用担保的现状

中小企业是国民经济的重要组成部分,对推动经济增长、扩大社会就业等方面发挥了重要作用。在当前中小企业融资普遍困难的情况下,建立融资担保体系具有十分重要的意义。

一、中小企业融资担保体系概述

所谓的中小企业融资担保,即中小企业信用担保,是指经同级人民政府及政府指定部门审批核准设立并依法登记注册的中小企业信用担保专门机构与债权人(包括银行等金融机构)约定,当被担保人不履行或不能履行主合同约定债务时,担保机构承担约定的责任或履行债务的行为。它是一种将信誉证明和资产责任保证结合在一起的中介服务活动,介于银行和企业之间,担保人对银行做出承诺,对企业提供担保,从而提高企业的信用等级。

建立中小企业融资担保体系的作用体现在以下三个方面。

(1)为中小企业提供资金保证,解决中小企业贷款难的问题。

(2)监督企业生产经营,帮助提高企业资信等级。

(3)分散银行贷款风险,调节社会资金配置。

二、我国中小企业融资担保体系存在的主要问题

虽然我国中小企业融资担保体系从开始的建立到现在的发展已走过了十几年的历程,但目前仍然还处于起步和初级阶段,很多制度及配套措施均不完善,迅速发展的中小企业融资担保机构对缓解中小企业融资难发挥了积极作用,但同时也暴露出诸多矛盾和问题。

(1)部分融资担保机构规模小、担保能力偏弱。中小企业融资担保机构户均注册资金虽然呈现出逐年提高的态势,但是从总体规模来看,都普遍较小,融资担保能力的偏弱还体现在法人治理结构不完善、风险管理水平不高、人力资源不足、办事效率低,甚至有的担保公司根本没有发挥担保作用。

(2)担保机构为中小企业提供担保时条件苛刻。担保机构都以公司形式存在,必须保证自己能够获取一定的利润才有从事担保业务的动力。担保机构的利润主要来自于企业交付的费用,一般企业要交纳贷款金额3%的担保手续费,还要扣除贷款金额10%作为保证金。许多中小企业无法同时承受银行

贷款利息和担保公司费用的双重融资成本，只有望资兴叹。担保公司作为中小企业向银行贷款的一般保证人或连带保证人，为了避免自己代替中小企业陷入债务泥潭，要求担保融资的企业或者有可靠的资产做保障，或者企业本身资信良好。那些资信无法得到准确评估、缺乏担保资产的企业往往被拒担保门外。

（3）担保机构管理不到位，潜伏着经营风险。一是资本金不实，有些担保机构注册后就转移资本，形成虚假出资，根本就没有能力为中小企业融资提供担保，因此在开展业务时往往会弄虚作假。二是偏离主营业务，热衷于大项目和高风险、高盈利的投资项目或证券投资。本来融资担保机构的主营业务是为中小企业融资提供融资担保，但有些担保机构成立后，不以为中小企业融资提供担保为主，而是通过担保套取银行信贷资金，进行项目投资或证券投资。三是政府出资设立的担保机构在一定程度上存在着行政干预，不利于市场化经营和风险的控制。

（4）融资担保机构经营困难、开展业务少。目前，我国大部分融资担保机构为中小企业提供的只是传统的贷款担保业务，不仅非融资性担保如工程履约担保、招投标担保等没有开展起来，就连风险较小的票据担保、出口信用担保等融资性担保业务也没有做，这在一定程度上压缩了担保机构的生存空间；同时，担保机构运作效率不高，担保放大倍数为较低，担保机构普遍缺乏成熟的盈利模式。

三、完善我国中小企业融资担保体系的对策

政府、社会、企业都是经济的参与者，他们缺一不可。要将我国中小企业融资担保体系建立得更加完善，则需要三者的相互配合。主要措施如下。

1.政府应加大融资担保体系建设

（1）加强行业监管，完善内部控制，防范风险。主要措施是建立考评和预警机制。由政府部门对担保机构的信用评级和经营行为进行考核，定期发布考评结果及相关信息，这既能为银行与其合作提供参考，又促其不断提升自身担保信用能力，强化自律意识。另外，担保机构要不断完善内部管理和风险控制制度，建立严谨的业务操作流程和风险管理机制，规范日常运作行为，把风险控制在较低水平。同时，要建立业务培训长效机制，加强对职工的业务培训力度，提高其风险防控意识，降低经营风险。

（2）加大扶持力度，支持担保业快速发展。一是加强调查研究，切实掌握担保业发展的难点和障碍，在制度和政策层面上给予扶持和引导；二是考虑到担保机构的社会效用和自身的风险特点，对符合条件的担保机构实行免征营业税政策，同时要协调有关部门落实担保机构风险准备金税前提取政策；

三是可向社会公开的企业信用信息应向担保机构公开，建立企业信用信息与担保业务信息互联互通机制，支持担保机构开展与担保业务的信息查询，依法保护其合法权益。

（3）制定法律法规，为融资担保业发展提供法律保障。市场经济是法制经济，以法律的形式来支持中小企业融资担保业的发展，比政策更具有连贯性，减少了人为因素的影响，也能为担保业的持续发展提供法律支撑。目前，应结合我国融资担保业发展的实际和需要，尽快制定出台专门的保护支持和促进融资担保业发展的法律法规，为融资担保业又好又快发展创造一个良好的法制环境。

2.在社会中，也应建立完善的中小企业贷款担保机制

（1）由地方政府出资成立信用担保有限公司，专门为中小企业的小额、短期、积蓄贷款提供担保。当然，公司的资金在政府拨款之外，也可以让受惠者中小企业以出资方式入股，这样，不仅融资担保问题解决了，而且也将融资担保与中小企业自身捆绑在一起。

（2）加强担保机构的品牌建设。担保机构的实力弱，拥有的自身品牌少，则会在与银行的博弈中居于被动地位。在担保机构的品牌建设中，担保机构不仅要有较高的资本金，还需要有良好的信用度和风险识别能力，重视自身的信用建设和风险控制以获得银行认可，从而使企业在与银行的交涉中拥有决策权。因此，应建立良好的担保体系，进一步优化担保机构，从而促进我国中小企业的可持续发展。

六、自然人担保贷款

2002年8月，中国工商银行率先推出了自然人担保贷款业务，从此工商银行的境内机构，对中小企业办理期限在3年以内信贷业务时，可以由自然人提供财产担保并承担代偿责任。

自然人担保可采取图5-6所示的三种方式。

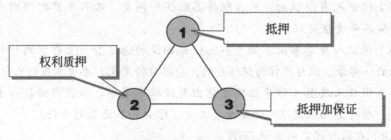

图5-6　自然人担保的方式

可做抵押的财产包括个人所有的房产、土地使用权和交通运输工具等。可做质押的个人财产包括储蓄存单、凭证式国债和记名式金融债券。抵押加保证则是指在财产抵押的基础上，附加抵押人的连带责任保证。如果借款人未能按期偿还全部贷款本息或发生其他违约事项，银行将会要求担保人履行担保义务。

 相关链接

农商银行的自然人保证贷款

自然人保证担保贷款是指农商行向借款人发放的由自然人保证人提供担保的贷款。当借款人不按借款合同履行债务时，自然人保证人按照保证合同约定履行债务或承担责任。

一、贷款条件

（一）借款人应具备的条件

（1）借款人为具有完全民事行为能力的中华人民共和国公民或符合国家有关规定的境外自然人。

（2）贷款用途明确合法。

（3）贷款申请数额、期限和币种合理。

（4）借款人具备还款意愿和还款能力。

（5）借款人信用状况良好，无重大不良信用记录。

（6）农商行要求的其他条件。

（二）保证担保人应具备的条件

（1）有中华人民共和国国籍。

（2）有完全民事行为能力。

（3）保证人年龄加贷款期限原则上男不超过60周岁，女不超过55周岁。

（4）有固定的住所，有固定的工作单位或经营场所、经营项目。

（5）有合法稳定的收入来源和充足的代偿能力。

（6）遵纪守法，资信良好，无不良嗜好及不良信用记录。

（7）保证人有配偶的，应当取得其配偶的同意，本人及其配偶同意为借款人提供连带责任保证。

（8）保证人愿意拿出不低于10%保证额度的保证金，交存农商行作为保证担保的一部分。以存单作为保证金的，存单应特定化，办理相应的止付手续。

（9）保证人及其工作单位均愿意出具法律承诺书。承诺当借款人未按期还款时，履行协助从保证人的资金（工资）账户扣款还贷的责任。

（10）农商行规定的其他条件。

二、应提供的资料

（一）借款人应提供的资料

（1）有效身份证明和职业证明。

（2）有效收入证明或有效资产证明。

（3）婚姻状况证明。

（4）消费用途证明或生产经营用途证明。

（5）农商行要求的其他资料。

（二）保证担保人应提供的资料

（1）保证人及其配偶的有效身份证件。

（2）保证人的居住证明。

（3）保证人家庭房产及其他不动产价值凭证。

（4）保证人个人工资收入证明。

（5）银行存款账户流水清单。

（6）保证人及其配偶同意提供担保的书面意见。

（7）保证人工作单位出具的协助保证人履行保证责任承诺书。

（8）农商行要求提供的其他有关资料。

三、业务流程

自然人保证担保贷款主要流程为：贷款受理、贷前调查、贷款审查与风险评估、贷款审批、贷款签约、贷款发放、贷款支付、贷后管理。

七、个人委托贷款

个人委托贷款，即由个人委托提供资金，由商业银行根据委托人确定的贷款对象、用途、金额、期限、利率等，代为发放、监督、使用并协助收回的一种贷款。

1. 个人委托贷款的特色

个人委托贷款具有图5-7所示的特色。

2. 申请条件

（1）委托人应具备如下条件

① 委托人是政府机构、企事业单位或个人。

② 应在银行开立存款账户，并将委托贷款资金一次或分次存入，委托贷款额不能超过委托人存入银行的委托贷款资金额。

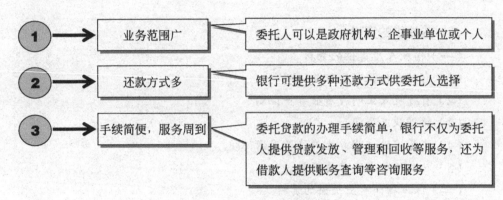

图5-7 个人委托贷款的特色

（2）借款人应具备如下条件

① 个人委托贷款的借款人必须是具有完全民事行为能力的自然人，具有合法有效的身份证明。

② 借款人必须在银行开立个人账户，单笔贷款不低于5万元。委托贷款通过借款人在银行开立的个人账户发放和偿还。

3.办理程序

办理个人委托贷款的基本程序如图5-8所示。

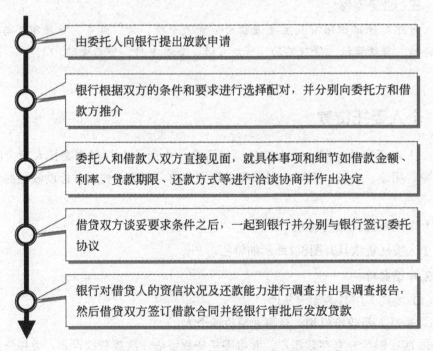

图5-8 办理个人委托贷款的基本程序

中国工商银行的个人委托贷款

一、产品简介

个人委托贷款是指工行接受委托人委托，由委托人提供资金，并根据委托人确定的贷款对象、用途、金额、期限、利率等，代向个人客户发放，监督使用并协助收回的贷款服务业务。

二、产品特色

个人委托贷款业务可为发生直接融资往来的借贷双方创造价值，通过银行"第三方"独立见证、规范借贷合同文件、妥善办理抵押（担保）手续、协助收回贷款本息及代为催收等服务，可降低借贷风险，为委托人债权提供更好的保护。同时，借款人可获得规范的贷款计息及清晰的还款记录，增进自己的信用财富。

三、申请条件

个人委托贷款的委托人可以是拥有合法资金来源的政府机构、企事业单位或个人。

个人委托贷款的借款人必须是具有完全民事行为能力的自然人，具有合法有效的身份证明。

目前贷款币种仅可为人民币。

四、贷款额度、期限、利率

借款的金额、期限均由委托人与借款人自行商定。

借款利率由委托人与借款人在中国人民银行规定的利率范围内协商确定，最低可免息，最高不得超过人民银行基准贷款利率的4倍。

五、担保方式

工行可办理多种担保方式，如抵押、质押、保证、组合担保等，具体选用何种担保方式由委托人与借款人自行商定。工行可代为办理抵押登记、质押冻结等担保手续。

六、还款方式

工行支持多种还款方式，如利随本清、等本、等额、按期还息一次还本、按年递增递减等，具体选用何种还款方式由委托人与借款人自行商定。

七、贷款用途

借款人可将贷款用于购买住房、汽车、大额耐用消费品或用于家居装修、度假旅游、教育助学等消费需求，以及用于其他正当经营的资金需求。目前工行暂不接受用于证券市场、期货市场或其他股本权益性投资的个人委托贷款业务。

八、申请贷款应提供的资料

1. 委托人须准备以下资料

（1）合法的身份证件。

（2）委托贷款业务委托书。

（3）委托贷款资金来源证明或声明材料。

（4）结算账户。

（5）经办行要求提供的其他资料。

2. 借款人须准备以下资料

（1）合法的身份证件。

（2）贷款用途证明或声明材料。

（3）结算账户。

（4）经办行及委托人要求的其他材料。

九、操作指南

业务流程如下图所示。

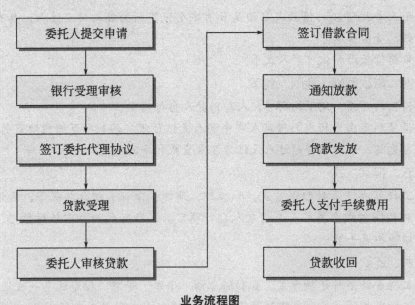

业务流程图

（1）委托人提交申请。委托人向银行提出书面委托贷款申请，提交《委托贷款业务委托书》等有关资料。

（2）银行受理审核。银行受理申请材料，对资料完整性、真实性进行审核，对贷款申请进行调查、审批等必要的内部审核。

（3）签订委托代理协议。委托申请通过银行内部审核后，银行将通知委托人与银行签署《委托代理协议》。

（4）贷款受理。借款人向银行提交贷款申请资料，银行完成必要调查后，将完整贷款申请资料提交委托人审批。如贷款笔数较少，可与委托贷款申请一并提交。

（5）委托人审批贷款。委托人对银行提交的贷款申请资料进行审批。

（6）签订借款合同。贷款通过委托人审批后，银行将通知借款人与银行签订《委托贷款借款合同》，并根据委托人要求协助借款人落实担保、抵押等手续。

（7）通知放款。委托人向银行出具《委托贷款放款通知书》，通知银行进行贷款发放。

（8）贷款发放。银行接到委托人放款通知后，向借款人发放贷款。

（9）委托人支付手续费用。

（10）贷款收回。银行协助委托人收回贷款本息，对违约贷款进行催收清收等。

十、责任声明

本页面内容仅供参考，具体业务办理标准以中国工商银行当地分行规定为准。为节约您的时间，请在办理相关手续前详细咨询当地工商银行。

八、票据贴现贷款

票据贴现是指商业汇票的所有者因为资金需求，将未到期的商业汇票剩余期限内的所有权、使用权、收益权让渡给持有者，从而提前获取贴现资金，支付贴现资金使用利息的商业行为。一般情况下，贴现资金的需求者为贴现申请人，其将自己手中未到期的商业汇票向商业银行或中央银行要求变成现金，商业银行或中央银行收进这些未到期的票据，按票面金额扣除贴现日至到期日的利息后付给贴现申请人贴现资金，等到票据到期时再要求出票人或票据承兑人按票面金额向其支付票款。

1. 按票据贴现交易对象分类

根据票据贴现交易对象的不同，票据贴现可以分为图5-9所示的三种。

（1）直贴　直贴是指票据所有者将没有到期的商业汇票卖给同意办理贴现的商业银行，提前获取贴现资金。一般工商企业向商业银行办理的票据贴现都属于这一种票据交易行为。

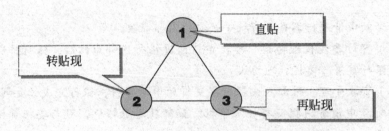

图5-9　按票据贴现交易对象分类

（2）转贴现　转贴现是指票据持有者以贴现购得的没有到期的商业汇票转让给其他商业银行的票据交易行为，转贴现一般是商业银行间相互拆借资金的一种方式。

（3）再贴现　再贴现是指商业银行持未到期的已贴现商业汇票向人民银行申请的贴现，通过转让商业汇票取得人民银行再贷款的票据交易行为。再贴现是中央银行的一种信用业务，也是中央银行为执行货币信贷政策而运用的一种货币政策工具。

2. 按票据承兑人分类

根据票据承兑人的不同，票据贴现可以分为图5-10所示的两种。

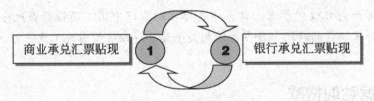

图5-10　按票据承兑人分类

（1）银行承兑汇票贴现　银行承兑汇票贴现是以商业银行的信用为基础进行的融资，是客户较为容易取得贴现资金的融资方式，具有操作灵活、简便、贴现利率市场化程度高，贴现资金成本较低的特点。

（2）商业承兑汇票贴现　商业承兑汇票贴现是以企业信用为基础的融资，如果承兑企业的资信状况良好，在商业银行也相对容易获得贴现资金，具有手续相对繁琐、融资成本相对较高的特点。

3. 按贴现利息支付方式分类

根据贴现利息支付方式的不同，票据贴现可以分为图5-11所示的三种。

（1）买方付息票据贴现　买方付息票据贴现是指在商品交易或服务销售过程中，由商品或服务的买入方支付贴现利息，而卖方可以全额收到票据贴现款的票据交易行为。

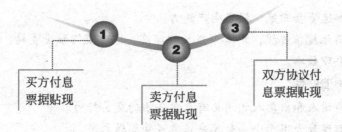

图5-11 按贴现利息支付方式分类

（2）卖方付息票据贴现 卖方付息票据贴现是指在商品交易或服务销售过程后，卖方将买方支付的商业汇票自行拿到商业银行去办理贴现，自行支付贴现利息，获得票据贴现资金的票据交易行为。

（3）双方协议付息票据贴现 双方协议付息票据贴现是指商品交易或服务销售的买卖双方按照贴现付息协议约定的比例各自向商业银行支付贴现利息后，商业银行为卖方提供的票据融资业务。双方协议付息票据贴现在贴现利息的承担上，具有一定的灵活性。可以根据贸易双方在商品或服务交易的主动权及各自的财务状况，事先约定贴现利息的承担主体以及分担比例，既可以是卖方，又可以是买方，也可以是双方按照约定的比例共同承担。

 相关链接

交通银行的商业汇票快捷贴现

一、业务简介

合法持有商业承兑汇票的小企业客户，在向交通银行申请办理商票贴现业务时，仅占用商票承兑人（核心企业）单方授信额度就可获得贴现资金的一项业务。

二、服务对象

交通银行认可的核心企业的上游供应商，且持有核心企业承兑的商业承兑汇票。

三、产品要素

（1）商票快贴业务期限最长不超过票据到期日。

（2）贴现利率由交通银行参照市场价格与客户协商确定。

四、业务特色

（1）依托核心企业信用，增强供应商小企业的融资能力，降低融资成本。

(2）加速资金回笼，提高生产能力。

(3）简化授信流程，无需申报授信额度，即可获得融资支持，直接提款，提高业务办理效率。

五、申请条件

(1）申请人和出票人之间具有真实合法的交易行为。

(2）贴现资金用于小企业客户正常经营周转之用。

六、申请资料

(1）持票人开户资料及其他相关放款资料。

(2）贴现申请人与前手签订的交易合同、增值税发票等。

九、知识产权质押贷款

知识产权质押贷款是指以合法拥有的专利权、商标权、著作权中的财产权经评估后向银行申请中小企业融资。由于专利权等知识产权实施与变现的特殊性，只有极少数银行对部分中小企业提供此项中小企业融资便利，而且一般需由企业法定代表人加保。尽管如此，那些拥有自主知识产权的优秀中小企业仍可一试。

开展知识产权质押贷款的难点主要集中在图5-12所示的几个方面。

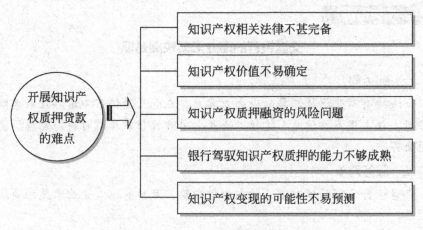

图5-12 开展知识产权质押贷款的难点

1.知识产权相关法律不甚完备

如知识产权许可使用权是否属于《担保法》第79条规定的可以转让的权利不确定；"专利权"这一术语在《担保法》和《专利法》中是否包括许可使用权不确定；是否能对专利许可使用权进行质押登记不清楚；《著作权实施细则》中也缺乏

关于著作权或者著作权的许可使用权的质押登记规定等。

2.知识产权价值不易确定

知识产权质押最重要的环节是知识产权的评估，但我国欠缺完善的知识产权评估制度，执业主体对行政机关依附性强而造成能力缺乏，从业人员素质差影响了评估质量，评估缺乏统一的标准及规则而影响了评估的结果。同时，其价值评估不仅存在评估方法上的差异，而且还存在对产品市场估计的差异。

3.知识产权质押融资的风险问题

鉴于知识产权融资存在较大风险，西方大部分商业银行均采取了谨慎的操作态度，即由专业贷款机构、风险投资者或投资商以取得股权的形式参与知识产权融资业务。目前，我国尽管在知识产权法律现代化方面进步很大，但国家对适用于知识产权担保的担保法律制度并未给予足够的重视，现存的我国法律即使在处理一般动产的担保权益方面都还有欠缺。

4.银行驾驭知识产权质押的能力不够成熟

目前，国内一些银行对企业静态资产担保较为重视，但对具有无形资产特征的知识产权担保形式缺乏了解。传统的银行贷款需要借款方提供第三方担保或有形资产担保，但由于知识产权质押并无担保物的可转换性，而是知识产权担保品的未来的现金流入，这让银行感到有较大的不稳定性，易产生风险。因此，国内金融机构开展知识产权质押贷款的较少，更缺少具体的操作办法。

5.知识产权变现的可能性不易预测

同传统的担保贷款相比，知识产权的流动性不及不动产，因而处分就相应的困难。特别是在现阶段，国内知识产权意识普遍不高、知识产权转让市场小的情况下，知识产权的变现尤显困难。

 相关链接

招商银行的知识产权质押贷

一、产品介绍

知识产权质押授信是指出质人以依法可转让的注册商标专用权、发明专利权中的财产权质押给招商银行中心作为还款担保，或提供与其他担保方式相结合的组合担保，授信申请人在招行中心获得的授信，用于满足企业生产经营过程中的融资需求。

不接受著作权、专有技术以及实用新型专利和外观设计专利等知识产权的质押。

二、产品特点

担保方式比较特殊，属于无形资产的质押，质物范围被拓宽。质物价值认定比较困难，需要专门的签约评估公司进行评估，并办理质押登记。一般需要与其他担保方式组合运用。

三、适用对象

适合在行内评级5级及以上的科技型企业或拥有著名商标的知名企业，是拟用于质押的商标权、发明专利权的所有人或由所有人授权的唯一被许可方，且已将拟质押的商标权、发明专利权实际运用于生产经营。

四、营销要点

部分招行中心主动介入的优质客户，有符合准入条件的知识产权，在缺乏其他担保方式的情况下，可以以知识产权质押的方式介入。部分有其他合格担保方式，知识产权质押在其中仅仅为了争取政府补贴的，可以适当降低知识产权质押要求。一般的，政府主管部门推荐是找到目标客户的主要渠道，争取银行与政府、担保公司、风投、企业等多个主体的合作来分散风险。

五、业务流程

（1）准入知识产权评估机构并签署合作协议。
（2）客户经理和风险经理做贷前调查。
（3）授信批复。
（4）知识产权正式评估。
（5）落实有关借款法律手续。
（6）知识产权质押登记。
（7）放款。
（8）关注企业日常经营状况，做好贷后管理。

十、异地联合协作贷款

异地联合协作贷款，就是不同地区银行之间或不同地区的银行与企业联合协作为相关的中小企业提供贷款。有些中小企业产品销路很广，或者是为某些大企业提供配套零部件，或者是企业集团的松散型子公司，在生产协作产品过程中，需要补充生产资金，可以寻求一家主办银行牵头，对集团公司统一提供贷款，再由集团公司对协作企业提供必要的资金，当地银行配合进行合同监督。也可由牵头银行同异地协作企业的开户银行结合，分头提供贷款。

这种贷款的基本操作模式有两种："牵头银行+集团公司+协作银行"模式和

"牵头银行+异地银行"模式。

1. "牵头银行+集团公司+协作银行"模式

"牵头银行+集团公司+协作银行"模式如图5-13所示。

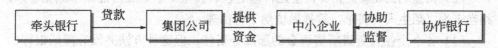

图5-13 "牵头银行+集团公司+协作银行"模式

在这种异地联合协作贷款模式中,能够获得资金的科技型中小企业主要是那些为某类型大企业提供配套零部件的,或是企业集团的松散型子公司。这类企业在生产协作产品过程中,如果需要补充生产资金,可以寻求一家主办银行牵头,对集团公司提供统一贷款,再由集团公司对协作企业提供必要的资金,由当地银行配合进行合同监督。

比如,某科技公司A、B两家公司分别生产芯片和继电器,集团甲与两家公司都有频繁的往来,两家公司因缺乏生产资金无法满足集团甲的需求,并且因企业规模小造成银行贷款成本较高而惜贷。此时如由银行向集团甲提供贷款,那么银行的风险就因贷款规模增大、企业信用较高而降低,然后再由集团甲向A、B两家公司分别提供贷款。

这样两家科技公司有足够的现金流来保证生产的继续进行,同时也满足了集团甲的原材料或新技术的供应。

在现实中,不同的公司不会同时出现资金短缺,当A公司出现资金周转困难而B公司营运正常时,集团甲则可以将多贷的资金投于别处,或减少筹资额度,并将A公司归还的贷款以应对B公司可能出现的资金问题。此种方式解决了单个企业贷款量小,银行出于成本考虑不愿提供贷款的情况,产生规模效应,"化零为整"地解决融资难的问题,并且全体的优势也提高了整体信誉度,能够对政府、社会、金融机构产生较大影响。

这种方法主要是以大集团企业的信用为担保依据,似乎有利于中小企业从银行等金融机构获得贷款,然而实际上企业集团因为有较为固定的下属企业,因而对于科技型中小企业,尤其是初创企业,却比较难取得集团企业提供的贷款。而且此种融资方式将本应由银行承担的风险转移到集团公司身上,如若中小企业无法还贷,大企业将面临财务损失和信誉受损,所以大企业在挑选中小企业时也会有一定的要求,因而提高了这种贷款方式的门槛。

此外,由于不同公司信用状况不同,所需资金量也不同,比如有10家小企业参与协作贷款,8家企业信用状况相对较好,另外2家小企业无法还贷时,就会发生以下三种情况:

(1)由大企业负责还款,盈利时的话大企业只能按固定费用收取,亏损则要承担全部风险,这对大企业而言是很不公平的。因而有人提议大企业以这些贷款作为股份的形式向小企业参股,盈利时便以红利的形式支付。

(2)由盈利的8家企业负责偿还,但这些科技型中小企业可能原本毫无往来,相当于为"陌生人"买单,这样做依然不合情理。

(3)各小企业只负责所贷资金的那部分责任,但这种方法并没有降低银行的风险,丧失了此种融资方式产生的意义。虽然这种融资方式有很多问题,但对于科技型中小企业仍不失为一个比较切实可行的方法。所以中小企业要主动加入大企业集团,积极发展同大企业的战略伙伴关系,强化自身的科技优势,开展密切的经济技术合作,从而获得资金支持。

2."牵头银行+异地银行"模式

"牵头银行+异地银行"模式如图5-14所示。

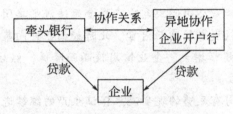

图5-14 "牵头银行+异地银行"模式

在这种异地联合协作贷款模式中,能够获得资金的企业主要是那些处于成熟期的科技型中小企业。这类企业生产的产品销路很广,或拥有的项目前途很好。

比如,在浙江省绍兴市,中小企业目前的贷款有1/3来自外地银行。2004年11月上旬,工商银行浙江省分行与绍兴市签订了合作协议,3年内工商银行对绍兴民营企业的信贷资金投入将在原有规模基础上翻一番。工商银行浙江省分行的主要做法是:由浙江省分行牵头、外省分行参与,牵头行负责筛选项目和贷款跟踪管理,参与行则负责提供部分放贷并向牵头行支付一定管理费用。

这种做法探索了一种新的银政银企关系,使银行资金投向能够完成从劳动密集型、低附加值产业向技术密集型、高附加值产业转变。对于参与行来说,这样做支付的成本肯定比自己调查、评估、营销和跟踪管理低得多。

> **微视角**
>
> 如今这种模式面临的主要障碍是行政分割,那些处于开创期的科技型中小企业并不适用于这种模式。

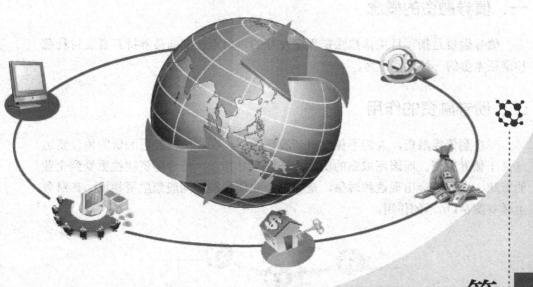

第六章 债券融资

 导言

企业债券融资作为外源融资的主要方式之一，在企业发展中起到越来越重要的作用，因为由企业自主发债融资，既能分流银行储蓄和减少贷款需求从而降低银行风险，又能有效改善企业资本结构，降低融资成本。

一本书搞懂 融资常识

一、债券融资的概念

债券融资是指项目主体按法定程序发行的、承诺按期向债券持有者支付利息和偿还本金的一种融资行为。

二、债券融资的作用

一提到债券融资,人们不免会想到股票融资。在中国,股票融资的地位要远远高于债券融资。而国际成熟的资本市场则正好相反,债券融资往往更受到企业的青睐,之所以会出现这种现象,是因为企业债券融资同股票融资相比,在财务上具有图6-1所示的作用。

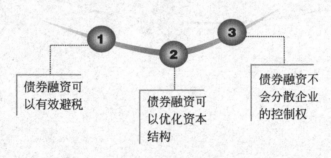

图6-1 债券融资的优势

1.债券融资可以有效避税

我国税法规定利息支出在税前列支,而股息则是在税后支付的,因而负债经营能为企业节约大量税收支出,因此,企业举债可以合理地避税。

2.债券融资可以优化资本结构

企业发行债券回购股份时,股票价格上升,而当发行股票来还债时,股票价格下降。因此,企业发行债券不能仅仅看作企业单纯的融资行为,更为重要的是企业对自身资本结构的战略性调整,是为了实现企业价值最大化的一种资本结构决策。

3.债券融资不会分散企业的控制权

这是债券融资不同于股权融资的特点之一。债券融资的企业只要在债券到期日之前还本付息就可以了,没有股权被稀释的压力。

三、债券融资的优缺点

债券融资与股票融资一样,同属于直接融资,而信贷融资则属于间接融资。

在直接融资中,需要资金的部门直接到市场上融资,借贷双方存在直接的对应关系。而在间接融资中,借贷活动必须通过银行等金融中介机构进行,由银行向社会吸收存款,再贷放给需要资金的部门。那么债券融资的优缺点各有哪些呢?

1. 债券融资的优点

债券融资的优点如表6-1所示。

表6-1 债券融资的优点

序号	优点	具体说明
1	资金成本低	债券利息在税前支付,与股票相比发行债券的成本较少
2	保障股东控制权	债券持有人无权参与发行企业的经营管理决策,不仅可以保障股东控制权,避免股权稀释,而且便于主动调节财务结构
3	可发挥财务杠杆的作用	债券的利息可以在税前扣除,即可以利用财务杠杆,容易增加股东和公司的财富
4	筹措大额资金	企业债券融资规模一般较大,并且期限较长,为企业筹措金额较大的资金来源
5	社会资源的有效配置	根据企业的债券在证券市场上的吸引力大小的区分,实现社会资源的合理配置,并在市场竞争中实现优胜劣汰
6	收益稳定	企业债券具有较好的流动性,并且其收益相对稳定,对企业债券融资提供了重要保障

2. 债券融资的缺点

债券融资的缺点如表6-2所示。

表6-2 债券融资的缺点

序号	缺点	具体说明
1	财务风险高	债券有固定的到期日,并需要支付利息,要承担按期还本、付息的义务。当经营不善时,会给企业带来沉重的财务负担,甚至导致其破产
2	限制条件严格	根据《中华人民共和国公司法》的规定,只有公司实力强、经济效益好的企业,方可采用债券融资方式。且公司采用发行债券融资的金额,不得超过公司自有资产的净值。这就使得公司发行债券融资既不能金额过低,也筹措不到金额更大的资金
3	融资数量限额	根据国家有关规定,企业发行债券的总面额不得大于该企业的自有资金净值,导致企业发行受限,并且筹资数量有限
4	负财务杠杆作用	当企业经营出现资金息税前利润率小于发行债券所支付的债券利率时,企业负债比例越高,企业的自有资金收益率将越低

四、债券融资与信贷融资的区别

债券融资和信贷融资不同之处如图6-2所示。

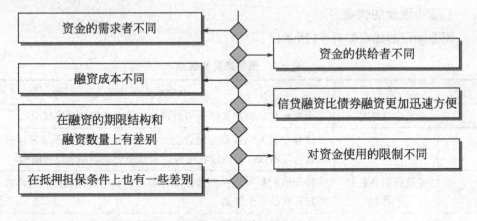

图6-2 债券融资和信贷融资不同之处

1.资金的需求者不同

在我国,债券融资中政府债券占有很大的比重,信贷融资中企业则是最主要的需求者。

2.资金的供给者不同

政府和企业通过发行债券吸收资金的渠道较多,如个人、企业与金融机构、机关团体事业单位等,而信贷融资的提供者主要是商业银行。

3.融资成本不同

在各类债券中,政府债券的资信度通常最高,大企业、大金融机构也具有较高的资信度,而中小企业的资信度一般较差,因而,政府债券的利率在各类债券中往往最低,筹资成本最小,大企业和大金融机构次之,中小企业的债券利率最高,筹资成本最大。

(1)与商业银行存款利率相比,债券发行者为吸引社会闲散资金,其债券利率通常要高于同期的银行存款利率。

(2)与商业银行贷款利率相比,资信度较高的政府债券和大企业、大金融机构债券的利率一般要低于同期贷款利率,而资信度较低的中小企业债券的利率则可能要高于同期贷款利率。

(3)此外,有些企业还发行可转换债券,该种债券可根据一定的条件转换成公司股票,灵活性较大,所以公司能以较低的利率售出,而且,可转换债券一旦转换成股票后,即变成企业的资本金,企业无需偿还。

4.信贷融资比债券融资更加迅速方便

例如，我国企业发行债券通常需要经过向有关管理机构申请报批等程序，同时还要做一些印刷、宣传等准备工作，而申请信贷可由借贷双方直接协商而定，手续相对简便得多。通过银行信贷融资要比通过发行债券融资所需的时间更短，可以较迅速地获得所需的资金。

5.在融资的期限结构和融资数量上有差别

一般来说，银行不愿意提供巨额的长期贷款，银行融资以中短期资金为主，而且在国外，当企业财务状况不佳、负债比率过高时，贷款利率较高，甚至根本得不到贷款；而债券融资多以中长期资金为主，因此，企业通过债券融资筹集的资金通常要比通过银行融资更加稳定，融资期限更长。

6.对资金使用的限制不同

企业通过发行债券筹集的资金，一般可以自由使用，不受债权人的具体限制，而信贷融资通常有许多限制性条款，如限制资金的使用范围、限制借入其他债务、要求保持一定的流动比率和资产负债率等。

7.在抵押担保条件上也有一些差别

一般来说，政府债券、金融债券以及信用良好的企业债券大多没有担保，而信贷融资大都需要财产担保，或者由第三方担保。

五、债券融资的策略

由于发行债券所募集的资金期限较长，资金使用自由，购买债券的投资者无权干涉企业的经营决策，现有股东对公司的所有权不变，债券的利息还可以在税前支付并计入成本。因此，发行债券是许多企业乐于选择的融资方式。但是企业在进行债券融资时，也要讲究一定的策略，具体如图6-3所示。

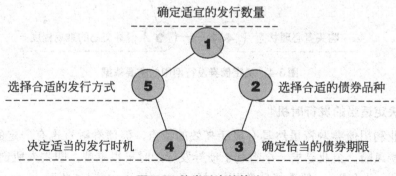

图6-3 债券融资的策略

1.确定适宜的发行数量

发行债券要达到融资的目的,就必须对发行的数量做出恰当的计划,《企业债券管理条例》规定,企业发行公司债券的总额度不得大于该企业的自有资金净值。中小企业应根据自身的资信状况、资金需求程度、市场资金供应情况、债券自身的吸引力等因素进行综合分析判断后再确定一个合适的发行额。发行额定得过高,会造成资金过剩,加重企业的财务负担,反之如果发行额度过小,又不易满足筹资的需求。

所以,科学确定发行数量,是企业发行债券的关键。

2.选择合适的债券品种

我们知道企业债券有很多不同的品种,那么具体到一个企业究竟应该怎样选择适合自身特征的品种呢?一般来说,企业要根据自身的偿还能力和融资收益水平的高低进行选择,当然还要考虑其他因素全面分析。

(1)对于知名度高、信誉强、形象优良的企业,就选择普通的没有附加条件的债券。

(2)对于知名度不高、影响力不大的企业来说,选择有附加条件的债券可能会更好一些,以增强对投资者的吸引力。

3.确定恰当的债券期限

债券的期限分为长、中、短三种期限,作为发行企业应该首先决定自己发行债券的恰当期限。决定债券发行期限的主要依据有图6-4所示几个方面的因素。

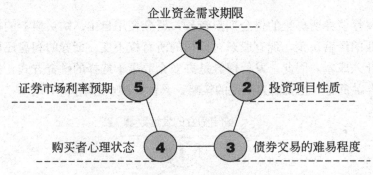

图6-4 决定债券发行期限的主要依据

4.决定适当的发行时机

企业利用债券融资虽然具有灵活高效的特点,但债券融资也有一定的风险。为了规避风险,企业寻求一个有利于债券发行的时机很重要。即古人所说的"天时、地利、人和"。一般选择债券发行时间的主要因素如图6-5所示。

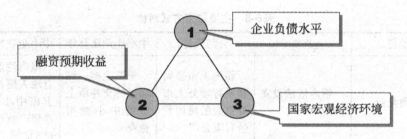

图6-5 选择债券发行的时间

5.选择合适的发行方式

一般来说,企业债券发行方式分为公募发行和私募发行两种。公募发行是按法定程序经证券主管部门批准公开向社会投资者发行;私募发行指以特定的少数投资者为对象,发行手续简单,一般不能公开上市交易。

> **微视角**
>
> 采用哪种方式发行,要根据企业具体情况来确定。

六、债券融资的种类

目前债券市场融资品种较多,主要包括国家发改委审核的企业债券、中小企业集合债;证监会审核的公司债券、中小企业私募债券、资产证券化;央行、银监会审核的金融债、短期融资券、中期票据等。如图6-6所示。

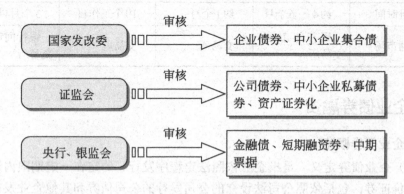

图6-6 债券融资的种类

其中,几种主要的融资方式的区别如表6-3所示。

表6-3 主要融资方式对比

项目	企业债券	公司债券	中小企业私募债	中小企业集合债
适用企业	境内依法设立的企业法人	境内上市公司和发行境外上市外资股的境内股份有限公司	未在上海、深圳证券交易所上市的中小微型企业	境内注册的具有法人资格的非上市中小企业，净资产规模不超过5亿元
主管部门	国家发改委	证监会	证监会	国家发改委
募集资金投向	符合国家产业政策和行业发展方向，并对资金投向比例有明确限制	资金投向宽松	资金投向宽松，可用于调整债务结构、补充流动资金等	符合国家产业政策和行业发展方向，并对资金投向比例有明确限制
融资规模	发行后累计公司债券余额不超过最近一期末净资产额的40%	发行后累计公司债券余额不超过最近一期末净资产额的40%	总面额不得大于企业自由资产净值，发行后企业的资产负债率不得超过75%	累计债券余额不超过企业净资产（不包括少数股东权益）的40%
承销费用	发行人与主承销商协商	发行人与主承销商协商	发行人与主承销商协商	发行人与主承销商协商
融资期限	5～7年居多	5年以上居多	1年及以上	3～6年居多
发行安排	一次发行，资金一次到位	可分期发行，也可资金一次性到位，2年内完成全部额度发行	一次发行，资金一次到位，可采用集合方式发行	一次发行，资金一次到位
审批时间	约4～6个月	约1个月	10个工作日	3个月以上
流通市场	银行间市场、交易所	交易所	交易所	银行间市场或交易所

七、企业债券融资

1. 企业债券概览

（1）**企业债券定义** 是指企业依照法定程序发行、约定在一定期限内还本付息的有价证券，包括依照公司法设立的公司发行的公司债券和其他企业发行的企业债券。

（2）**发行主体** 中华人民共和国境内注册登记的具有法人资格的非上市企业，目前最小发行规模4亿元，意味着净资产要超过10亿元。

(3)审批部门　国家发展改革委。

(4)审核方式　核准制。

(5)类型　企业债券目前主要有两种类型：一种是地方政府融资平台发行的"准市政债"；另一种是实业企业发行的产业债。

2.企业债券融资的优势

企业债券融资的优势如图6-7所示。

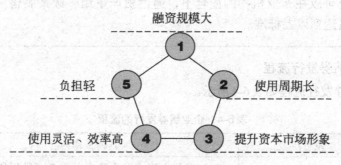

图6-7　企业债券融资的优势

(1)融资规模大　通过发行企业债券融资，筹资额度取决于公司的净资产规模。目前企业债券通行筹资规模在5亿～20亿元之间。

(2)使用周期长　企业债券存续周期比较长，通常在5～10年，通过发行企业债券募集资金，可以满足企业长期资金需求。

(3)提升资本市场形象　通过发行企业债券，可使公司深入国内资本市场，有利于公司提升社会知名度和公众形象。目前，发行企业债券的企业多为重点行业的优质企业，受到投资者和社会各界的广泛关注和普遍认可。

(4)使用灵活、效率高　企业债券募集资金使用灵活，可用于项目投入、调整债务结构、补充流动资金等。募集资金可用作项目资本金投入，企业可以按照项目资本金比例撬动银行贷款，有助于提高公司资金使用效率。

(5)负担轻　企业发行企业债券后，在债券存续期内，只需支付每年利息，到期才一次还本，企业财务压力小。

3.企业债券发行的条件

企业公开发行企业债券应符合下列条件。

(1)股份有限公司的净资产不低于人民币3000万元，有限责任公司和其他类型企业的净资产不低于人民币6000万元。

(2)累计债券总额不得超过企业净资产额的40%。

(3)最近三年平均可分配利润（净利润）足以支付企业债券一年的利息。

(4)筹集资金的投向符合国家产业政策和行业发展方向，所需相关手续齐全。

(5) 债券的利率由企业根据市场情况确定,但不得超过国务院限定的利率水平。

(6) 已发行的企业债券或者其他债务未处于违约或者延迟支付本息的状态。

(7) 最近三年没有重大违法违规行为。

> **微视角**
>
> 企业可以在专业机构的配合下,通过资产重组、政策调整、政府扶持等手段达到以上标准。

4. 企业债券发行流程

企业债券发行流程如表6-4所示。

表6-4 企业债券发行的流程

序号	发行阶段	具体工作内容
1	确定融资意向阶段	(1) 发行人形成融资意向并与券商进行初步接洽,形成合作框架 (2) 券商就本次发行融资方式及具体发行方案出具可行性报告 (3) 发行人最终确定发行方案
2	发行准备阶段	(1) 聘请主承销商、律师、会计师、评级机构等中介机构,签订承销协议 (2) 发行人与中介机构共同制作企业债发行申报材料,并上报省发改委 (3) 省发改委转报国家发改委
3	国家发改委审核阶段	(1) 国家发改委对发行申报材料进行审核 (2) 国家发改委会签人民银行和证监会 (3) 国家发改委向申请企业下达发行申请批准文件
4	发行上市阶段	(1) 在指定报刊上刊登募集说明书,企业债正式发行 (2) 主承销商组织承销商进行销售,发行人获得募集资金 (3) 债券上市交易

八、公司债券融资

1. 公司债券概览

(1) 公司债券定义 是指上市公司依照法定程序发行、约定在一年以上期限内还本付息的有价证券。

（2）监管机构　证监会。

（3）审核方式　核准制。

（4）发行人类型　上市公司及发行境外上市外资股的境内股份有限公司。

（5）审核时间　审核时间为1.5个月。

（6）分期发行　可在2年内多次发行。

2. 公司债券融资的特点

发行公司债资金可以自由使用，且使用周期较长，因此对于公司经营者而言，都愿意通过发行公司债进行融资，但是由于公司债风险较大，因此债券的利率一般会高于银行的贷款利率。

3. 公司债券融资的种类

（1）以债券还本付息的期限区分　以债券还本付息的期限作为区分标准，公司债可以分为短期公司债、中期公司债以及长期公司债。短期公司债的期限在一年以内，中期公司债的期限在一年以上、五年以内，长期公司债的期限在五年以上。

（2）以债券是否记名区分　以债券是否记名作为区分标准，公司债可以分为记名公司债与无记名公司债，所谓记名公司债是指债券上记载了债券持有人的姓名，而无记名公司债是指债券上没有记载债券持有人的姓名。因此行使记名公司债权权利的人，必须是债券上所记载姓名的人，而行使无记名公司债权利的人，则由实际持有债权的人行使权利。

（3）以债券发行方式区分　以债权发行的方式作为区分标准，公司债可以分为公募债券和私募债券，所谓公募债券是指依法可以向社会大众发行的债券，而私募债券是指对特定投资人为对象所发行的债券。由于公募债权可以向公众发行，所以影响层面较广，因此发行程序比较繁杂。

（4）以投资人是否拥有选择权区分　以发行人是否赋予投资人选择权作为区分标准，公司债可以分为附有选择权的公司债以及不附有选择权的公司债。常见的选择权有：可转换公司债、附认股权证的公司债、可退还公司债等。

（5）以是否可以提前赎回区分　以是否可以提前赎回作为区分标准，公司债可以区分为可提前赎回公司债与不可提前赎回公司债。所谓可提前赎回公司债是指债券到期前，债券持有人可以要求公司在一定期间或是随时购回公司债券，反之则为不可提前赎回公司债。

（6）以上市公司所发行的债券区分　上市公司所发行的公司债可以区分为：一般公司债、可转换公司债、分离交易可转换债，以及可交换公司债。具体如表6-5所示。

表6-5 上市公司所发行的公司债种类

序号	类别	具体说明
1	一般公司债	是指债券发行人依据《公司债券发行试点方法》申请，由中国证监会核准发行的公司债
2	可转换公司债	是指在符合约定条件情况下，可以转换成公司股票的公司债
3	分离交易可转换债	是依据《上市公司证券发行管理办法》所发行的为上市公司再融资的债券，具体内容是指上市公司发行附有认股权证，并且认股权证可以分离出来单独交易的可转换公司债
4	可交换公司债	是指根据《公司债券发行试点方法》所发行的债券，在符合约定的条件下，债券持有人可以交换股东所持有的上市公司股份

4.公司债券发行的条件

（1）公开发行公司债券，应当符合下列条件。

① 股份有限公司的净资产不低于人民币3000万元，有限责任公司的净资产不低于人民币6000万元。

② 累计债券余额不超过公司净资产的40%。

③ 最近3年平均可分配利润足以支付公司债券1年的利息。

④ 筹集的资金投向符合国家产业政策。

⑤ 债券的利率不超过国务院限定的利率水平。

⑥ 国务院规定的其他条件。

（2）有下列情形之一的，不得再次公开发行公司债券。

① 前一次公开发行的公司债券尚未募足。

② 对已公开发行的公司债券或者其他债务有违约或者延迟支付本息的事实，仍处于继续状态。

③ 违反本法规定，改变公开发行公司债券所募资金的用途。

5.公司债券发行的要求

（1）存在下列情形之一的，不得公开发行公司债券。

① 最近36个月内公司财务会计文件存在虚假记载，或公司存在其他重大违法行为。

② 本次发行申请文件存在虚假记载、误导性陈述或者重大遗漏。

③ 对已发行的公司债券或者其他债务有违约或者迟延支付本息的事实，仍处于继续状态。

④ 严重损害投资者合法权益和社会公共利益的其他情形。

（2）资信状况符合以下标准的公司债券可以向公众投资者公开发行，也可以自主选择仅面向合格投资者公开发行。

① 发行人最近三年无债务违约或者迟延支付本息的事实。

② 发行人最近三个会计年度实现的年均可分配利润不少于债券一年利息的1.5倍。

③ 债券信用评级达到AAA级。

④ 中国证监会根据投资者保护的需要规定的其他条件。

未达到前款规定标准的公司债券公开发行应当面向合格投资者；仅面向合格投资者公开发行的，中国证监会简化核准程序。

发行人应当按照中国证监会信息披露内容与格式的有关规定编制和报送公开发行公司债券的申请文件。中国证监会受理申请文件后，依法审核公开发行公司债券的申请，自受理发行申请文件之日起三个月内，作出是否核准的决定，并出具相关文件。

6. 公司债券发行的规定

（1）根据《上市公司证券发行管理办法》发行公司债券，应当符合下列规定。

① 公司的生产经营符合法律、行政法规和公司章程的规定，符合国家产业政策。

② 公司内部控制制度健全，内部控制制度的完整性、合理性、有效性不存在重大缺陷。

③ 经资信评级机构评级，债券信用级别良好。

④ 公司最近一期未经审计的净资产额应符合法律、行政法规和中国证监会的有关规定。

⑤ 最近三个会计年度实现的年均可分配利润不少于公司债券一年的利息。

⑥ 本次发行后累计公司债券余额不超过最近一期末净资产额的百分之四十；金融类公司的累计公司债券余额按金融企业的有关规定计算。

（2）存在下列情形之一的，不得发行公司债券。

① 最近三十六月内公司财务会计文件存在虚假记载，或公司存在其他重大违法行为。

② 本次发行申请文件存在虚假记载、误导性陈述或者重大遗漏。

③ 对已发行的公司债券或者其他债务有违约或者迟延支付本息的事实，仍处于继续状态。

④ 严重损害投资者合法权益和社会公共利益的其他情形。

7. 公司债券发行的流程

公司债券发行的流程如表6-6所示。

表6-6 公司债券发行的流程

序号	发行阶段	具体工作内容
1	确定融资意向阶段	（1）发行人形成融资意向并与券商进行初步接洽，形成合作框架 （2）券商就本次发行融资方式及具体发行方案出具可行性报告 （3）发行人最终确定发行方案
2	发行准备阶段	（1）聘请主承销商、律师、会计师、评级机构等中介机构，签订承销协议 （2）中介机构进行尽职调查，并与发行人共同制作申报材料 （3）发行人召开董事会审议公司债券融资方案，公告董事会决议
3	证监会审核阶段	（1）主承销商向证监会预报发行申请材料，证监会发行部出具反馈意见 （2）发行人召开临时股东大会审议公司债发行相关议案，并公告股东大会决议 （3）主承销商向证监会补充股东大会决议，对反馈意见进行答复 （4）证监会发行审核委员会审核发行材料，作出核准或不予核准的决定
4	发行上市阶段	（1）在指定报刊上刊登募集说明书及其摘要 （2）路演，确定公司债最终票面利率 （3）正式发行，发行人获得募集资金 （4）制作上市公告书，并在指定报刊刊登，债券上市交易

九、中小企业集合债

1. 中小企业集合债概览

（1）中小企业集合债券定义　中小企业集合债券是指以多个中小企业所构成的集合为发债主体，发行企业各自确定发行额度分别负债，使用统一的债券名称，统收统付，向投资人发行的约定到期还本付息的一种企业债券形式。

（2）发行主体　中华人民共和国境内注册登记的具有法人资格的非上市中小企业，净资产规模不超过5亿元。

（3）审批部门　国家发展改革委。

（4）审核方式　核准制。

2. 中小企业集合债的特点

中小企业集合债券一般采取图6-8所示的模式，通过牵头人组织，以多个中小企业所构成的集合为发债主体，发行企业各自确定债券发行额度并分别负债，形成一个总额度，采用集合债券的形式，使用统一的债券名称，向投资人发行的约定到期还本付息的一种企业债券形式。

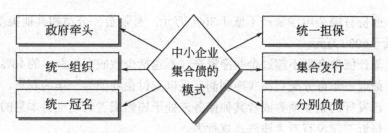

图6-8 中小企业集合债的模式

3. 中小企业集合债的优势

中小企业集合债具有以下优势。

(1) 拓宽了中小企业直接融资渠道 集合债券的发行可以为一批有发展潜力的中小民营企业提供融资机会，拓展新的融资渠道。

(2) 有利于优化企业的财务结构，使股东利益最大化 利用财务杠杆的原理进行债务融资可以提高净资产收益率，使股东利益最大化。债务融资债权人不具备管理权和投票选举权，发行债券不会影响公司的所有权结构和日常经营管理。

(3) 降低了融资成本 货币政策从紧的背景下商业银行普遍收紧信贷，中小企业通过信贷融资难度明显加大，实际贷款利率亦步步走高。相比之下，同期限的债券发行利率显著低于同期限商业银行贷款利率，即使考虑到相关发行费用，企业债券仍具有明显的融资成本优势，而且发行环境也相对便利。此外，债券利息在税前支付并计入成本，具有税盾优势。

(4) 分散了融资风险 集合债券发行需要多个中小企业主体共同参与完成，各中小企业参与主体只承担各自发行额度的融资风险，这种方式能够在一定程度上分散集合债券的总体风险。

(5) 提高企业的资本市场形象，推升企业经营管理水平 发行企业债券是发行人在资本市场迈出的重要一步，企业藉此在债券市场树立其稳健、安全的品牌形象，企业债券发行上市后，企业需要定期披露信息，被广大机构投资者关注，这有利于企业规范运作，提高自身管理水平，并可在资本市场上树立良好的信用形象，为企业持续融资打下信用基础。

4. 中小企业集合债的发行条件

发行中小企业集合债券，对联合发行人的遴选至关重要，参照国家对于发行企业债券的相关规定，结合各地市中小企业集合债券发行的成功案例，对集合债券联合发行人的要求一般有以下几个方面。

(1) 注册地和主要生产经营活动位于当地的工业类型企业，鼓励各类经济性质中小企业积极参与，优先考虑当地的重点上市后备企业。

(2) 企业最近三年必须连续盈利。

（3）股份有限公司净资产不低于3000万元，有限责任公司和其他类型企业净资产不低于6000万元。

（4）累计债券余额不超过企业净资产（不包括少数股东权益）的40%。

（5）最近三年可分配利润（净利润）足以支付企业债券一年的利息。

（6）已发行的企业债券或者其他债务未处于违约或者延迟支付本息的状态。

（7）最近三年没有重大违法违规行为。

（8）筹集资金的投向符合国家产业政策和行业发展方向，所需相关手续齐全，原则上鼓励各地市重点扶持项目。用于固定资产投资项目的，应符合固定资产投资项目资本金制度的要求，原则上累计发行额不得超过该项目总投资的60%。

（9）企业应拥有相应的担保资源，包括可用于抵押或质押担保的财产或相关权利，如土地使用权、房屋、机器设备、交通运输工具、股权等。

5.中小企业集合债发行的流程

中小企业集合债券的发行需要多方参与配合，发行工作流程一般包括三个阶段，有关具体工作内容如表6-7所示。

表6-7 中小企业集合债的发行流程

序号	发行阶段	具体工作内容
1	企业遴选	（1）牵头人下发有关通知，企业开始推荐上报，然后牵头人汇总上报企业情况，向财务顾问（主承销商）进行推荐 （2）财务顾问与主承销商初步协调落实统一担保人及反担保人，同时财务顾问对牵头人推荐的企业进行初步评估，筛选首批入选企业 （3）财务顾问展开对入选企业的前期尽职调查，企业提交尽职调查提纲中列明的有关资料 （4）财务顾问协助主承销商确定发债企业名单
2	组织申报	（1）确定担保人，同时发行人与各机构签署相关协议或意向书，中介机构对发行人进行深入尽职调查，进场开展工作 （2）发行人、财务顾问与主承销商共同讨论发行方案，初步确定发行方案 （3）财务顾问及主承销商协助发行人制订明确可行的偿债计划 （4）财务顾问协助主承销商撰写上报国家发改委文件（发行人发债申请、主承销商推荐意见、发行债券可行性研究报告、债券募集说明书、债券募集说明书摘要等） （5）财务顾问协助主承销商撰写上报证监会及人民银行文件（申请书、市场调查与可行性报告、主承销商对承销团成员的内核审查报告、风险处置预案、债券利率说明等） （6）主承销商对债券进行市场推介路演及询价，组建承销团，签署协议

续表

序号	发行阶段	具体工作内容
2	组织申报	（7）发行人与担保人就担保事宜协商，担保人落实对发行人相关担保资产的后继监管措施，担保人出具《担保函》，设定物权反担保的，需明晰担保财产权属，另外资产评估机构对担保财产的价值进行评估，出具资产评估报告，同时发行人就担保财产的登记、保管、持续监督等做出安排 （8）会计师事务所完成对发行人的审计，并出具审计报告，担保人也需符合资质的会计师事务审计，并由其出具审计报告 （9）评级公司完成对债券的评级及对发行人的主体评级，并出具信用评级报告 （10）律师事务所完成对发行人和担保人的主体资格及本次债券发行合法性的审查，并出具法律意见书 （11）财务顾问协助主承销商汇总并制作全套申报材料，并且协助其将债券发行申报文件上报省发改委及国家发改委
3	发行上市	（1）国家发改委对上报的债券发行申报文件进行审核，提出修改反馈意见，通知发行人及主承销商补充完善材料，发行人、主承销商及财务顾问按照国家发改委的相关意见补充完善相关材料，并出具相应说明，然后将债券申报文件转至人民银行和证监会会签，同时国家发改委核准本期债券发行，下达核准文件至地方发改委，由地方发改委转发至发行人 （2）主承销商将国家发改委的核准文件及其他相关文件报送至中国国债登记结算有限责任公司及中央证券登记结算公司，并在中国银行间市场交易商协会完成发行注册，做好债券发行前准备工作 （3）发行人与主承销商择日在国家发改委指定报刊上刊登债券募集说明书，债券发行正式开始，在发行期内，承销团完成对本期债券的分销工作，主承销商按规定将相关募集款项划至发行人指定账户 （4）债券发行结束后，主承销商将发行情况汇总上报国家发改委，并办理相关后继托管事宜，同时主承销商要协助发行人向中国银行间市场交易商协会和证券交易所提交上市申请，办理债券上市流通事宜

> **微视角**
>
> 中小企业集合债是契合中小企业直接融资需求、市场化运作的创新产品，为中小企业融资提供了一个更高层次、更广阔的融资平台，使中小企业直接融资上了一个新的台阶，有效地缓解了中小企业融资难的问题，切实帮助企业克服了发展中的困难。

十、中小企业私募债券

1. 中小企业私募债券概览

（1）中小企业私募债券定义　中小企业私募债券是指中小微型企业在中国境内以非公开方式发行的，约定在一定期限还本付息的公司债券，又称高收益债券。

（2）产生背景　高收益债券是在2012年召开的中央金融工作会议要求金融服务实体经济的背景下，由郭树清主席倡导提出的。

（3）发行主体　仅限符合《关于印发中小企业划型标准规定的通知》（工信部联企业〔2001〕300号）规定的，未在上海、深圳证券交易所上市的中小微型企业，但暂不包括房地产业和金融业企业。

（4）备案部门　上海证券交易所、深圳证券交易所。

（5）审核方式　备案制。

2. 中小企业私募债券的优势

中小企业私募债券的优势如下。

（1）中小企业私募债是一种便捷高效的融资方式。

（2）中小企业私募债发行审核采取备案制，审批周期更快。

（3）中小企业私募债募集资金用途相对灵活，期限较银行贷款长，一般为两年。

（4）中小企业私募债综合融资成本比信托资金和民间借贷低，部分地区还能获得政策贴息。

3. 中小企业私募债券的审核体制

中小企业私募债发行由承销商向上海和深圳交易所备案，交易所对承销商提交的备案材料完备性进行核对，备案材料齐全的，交易所将确认接受材料，并在十个工作日内决定是否接受备案。如接受备案，交易所将出具《接受备案通知书》。私募债券发行人取得《接受备案通知书》后，需要在六个月内完成发行。《接受备案通知书》自出具之日起六个月后自动失效。

4. 中小企业私募债券的发行期限

发行期限暂定在一年以上（通过设计赎回、回售条款可将期限缩短在一年内），暂无上限，可一次发行或分期发行。

5. 中小企业私募债券的发行人类型

中小企业私募债券是未上市中小微型企业以非公开方式发行的公司债券。试点期间，符合工信部《关于印发中小企业划型标准规定的通知》的未上市非房地产、金融类的有限责任公司或股份有限公司，只要发行利率不超过同期银行贷款基准利率的3倍，并且期限在1年（含）以上，可以发行中小企业私募债券。

6. 中小企业私募债券的投资者类型

参与私募债券认购和转让的合格投资者，应符合下列条件。

（1）经有关金融监管部门批准设立的金融机构，包括商业银行、证券公司、基金管理公司、信托公司和保险公司等。

（2）上述金融机构面向投资者发行的理财产品，包括但不限于银行理财产品、信托产品、投连险产品、基金产品、证券公司资产管理产品等。

（3）注册资本不低于人民币1000万元的企业法人。

（4）合伙人认缴出资总额不低于人民币5000万元，实缴出资总额不低于人民币1000万元的合伙企业。

（5）经交易所认可的其他合格投资者。另外，发行人的董事、监事、高级管理人员及持股比例超过5%的股东，可参与本公司发行私募债券的认购与转让。承销商可参与其承销私募债券的认购与转让。

需要指出的是，中小企业私募债券对投资者的数量有明确规定，每期私募债券的投资者合计不得超过200人，对导致私募债券持有账户数超过200人的转让不予确认。

7. 中小企业私募债券的发行条件

中小企业私募债发行规模不受净资产的40%的限制。需提交最近两年经审计财务报告，但对财务报告中的利润情况无要求，不受年均可分配利润不少于公司债券1年的利息的限制。

8. 中小企业私募债券的担保和评级

监管部门出于对风险因素的考虑，为降低中小企业私募债风险，鼓励中小企业私募债采用担保发行，但不强制要求担保。对是否进行信用评级没有硬性规定。私募债券增信措施以及信用评级安排由买卖双方自主协商确定。发行人可采取其他内外部增信措施，提高偿债能力，控制私募债券风险。增信措施主要如图6-9所示。

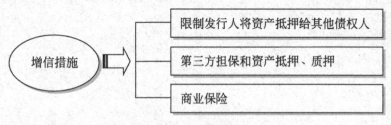

图6-9　增信措施

9. 中小企业私募债券募集资金的用途

中小企业私募债的募集资金用途不作限制，募集资金用途偏于灵活，可用来直接偿还债务或补充营运资金，不需要限定为固定资产投资项目。

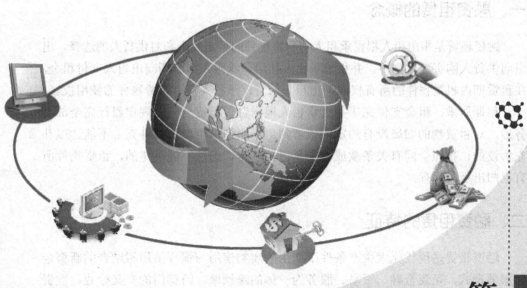

第七章 融资租赁

 导言

　　融资租赁的独有特征，体现了它作为一种新型融资方式在现代社会经济生活中，将会扮演越来越重要的角色，它的发展将会带动整个企业的发展，为中小企业提供一条生存之道、发展之道。

一、融资租赁的概念

融资租赁是指出租人根据承租人对租赁物件的特定要求和对供货人的选择,出资向供货人购买租赁物件,并租给承租人使用,承租人则分期向出租人支付租金,在租赁期内租赁物件的所有权属于出租人所有,承租人拥有租赁物件的使用权。

租期届满,租金支付完毕并且承租人根据融资租赁合同的规定履行完全部义务后,对租赁物的归属没有约定的或者约定不明的,可以协议补充;不能达成补充协议的,按照合同有关条款或者交易习惯确定,仍然不能确定的,租赁物件所有权归出租人所有。

二、融资租赁的特征

融资租赁是现代化大生产条件下产生的实物信用与银行信用相结合的新型金融服务形式,是集金融、贸易、服务为一体的跨领域、跨部门的交叉行业。融资租赁具有图7-1所示的特征。

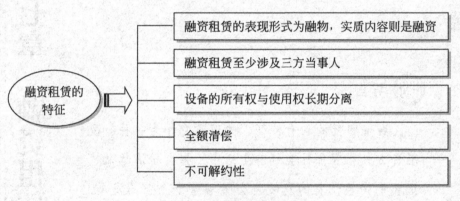

图7-1 融资租赁的特征

1.融资租赁的表现形式为融物,实质内容则是融资

融资租赁是一种贸易与信贷相结合、融资与融物为一体的综合性租赁交易方式,其表现形式为融物,实质内容则是融资。

融资租赁是资产的所有者(出租人)与资产的使用者(承租人)就资产的使用所签订的不可撤销的合同约定。它定义了所有相关的条款,包括租金额、租期和付款周期等。其主要特征是:由于租赁物件的所有权只是出租人为了控制承租人偿还租金的风险而采取的一种形式所有权,在合同结束时最终有可能转移给承租人,因此租赁物件的购买由承租人选择,维修保养也由承租人负责,出租人只提供金融服务。

2.融资租赁至少涉及三方当事人

三方当事人为出租人、承租人和供货商,并且是至少由两个合同——买卖合同和租赁合同构成的三边交易。这三方当事人相互关联,两个合同相互制约,这也是融资租赁不同于分期付款和举债信用的一个重要区别。

3.设备的所有权与使用权长期分离

设备的所有权在法律上属于出租人,设备的使用权在经济上属于承租人。在租期结束时,承租人一般对设备拥有留购、续租或退租三种选择权,而大多是承租人以一定名义支付较小数额的费用取得设备的所有权,作为固定资产投资。

4.全额清偿

全额清偿即出租人在基本租期内只将设备出租给一个特定的用户,出租人从该用户收取的租金总额应等于该项租赁交易的全部投资及利润,或根据出租人所在国家关于融资租赁的标准,租金等于投资总额的一定比例,如80%。换言之,出租人在一次交易中就能收回全部或大部分该项交易的投资。

5.不可解约性

对于承租人而言,租赁的设备是承租人根据其自身需要而自行选定的,因此承租人不能以退还设备为条件而提前中止合同。对于出租人而言,因设备为已购进产品,也不能以市场涨价为由提高租金。总之,在一般情况下,租期内租赁双方都无权中止合同。

三、融资租赁的优缺点

1.融资租赁的优点

融资租赁的优点如图7-2所示。

优点一	筹资速度较快。租赁会比借款更快获得企业所需设备
优点二	限制条款较少。相比其他长期负债筹资形式,融资租赁所受限制的条款较少
优点三	设备淘汰风险较小。融资租赁期限一般为设备使用年限的75%
优点四	财务风险较小。分期负担租金,不用到期归还大量资金
优点五	税收负担较轻。租金可在税前扣除

图7-2 融资租赁的优点

2.融资租赁的缺点

融资租赁的缺点如下。

(1) 资金成本较高。租金较高,成本较大。

(2) 筹资弹性较小。当租金支付期限和金额固定时,增加企业资金调度难度。

四、融资租赁的模式

融资租赁是集融资与融物、贸易与技术更新于一体的新型金融产业。融资金额在一项投资中,租赁可以抵消掉最高达100%的融资成本,无需动用权益资本,也无需额外的债券,这是融资租赁的优势。图7-3所示的是十六种常见的融资租赁模式。

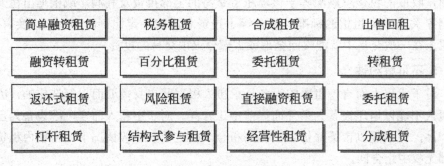

图7-3 融资租赁的模式

1.简单融资租赁

承租人有意向通过出租人租赁由承租人选择需要购买的租赁物件,出租人通过对租赁项目风险评估后愿意出租租赁物件给承租人使用。为取得租赁物件,出租人首先全额融资购买承租人选定的租赁物件,按照固定的利率和租期,根据承租人占压出租人融资本金时间的长短计算租金,承租人按照租约支付每期租金,期满结束后以名义价格将租赁物件所有权卖给承租人。在整个租赁期间承租人没有所有权但享有使用权,并负责维修和保养租赁物件。出租人对租赁物件的好坏不负任何的责任,设备折旧在承租人一方。

2.融资转租赁

租赁公司若从其他租赁公司融资租入的租赁物件,再转租给第二承租人,这种业务方式叫融资转租赁,一般在国际间进行。此时业务做法同简单融资租赁无太大区别。出租方从其他租赁公司租赁设备的业务过程,由于是在金融机构间进行的,在实际操作过程中,只是依据购货合同确定融资金额,在购买租赁物件的资金运行方面始终与最终承租人没直接的联系。在做法上可以很灵活,有时租赁公司甚至直接将购货合同作为租赁资产签订转租赁合同。这种做法实际是租赁公司融通资金的一种方式，租赁公司作为第一承租人不是设备的最终用户，因此也不能提取租赁物件的折旧。

3.返还式租赁

返还式租赁是简单融资租赁的一个分支，它的特点是承租人与租赁物件供货人是一体，租赁物件不是外购，而是承租人在租赁合同签约前已经购买并正在使用的设备。承租人将设备卖给租赁公司，然后作为租赁物件返租回来，对物件仍有使用权，但没有所有权。设备的买卖是形式上的交易，承租企业需将固定资产转为融资租入固定资产。返还式租赁强调了租赁融资功能，失去了租赁的促销功能，类似于"典当"业务。企业在不影响生产的同时，扩大资金来源，是一种金融活动。

4.杠杆租赁

杠杆租赁的做法类似银团贷款，专门做大型租赁项目的一种有税收好处的融资租赁。主要是由一家租赁公司牵头作为主干公司，为一个超大型的租赁项目融资。首先成立一个脱离租赁公司主体的操作机构——专为本项目成立资金管理公司出项目总金额20%以上的资金，其余部分资金来源主要是吸收银行和社会闲散游资，利用100%享受低税的好处"以二博八"的杠杠方式，为租赁项目取得巨额资金。其余做法与融资租赁基本相同，只不过合同的复杂程度因涉及面广，随之增大。由于可享受税收好处，操作规范、综合效益好、租金回收安全、费用低，一般用于飞机、轮船、通信设备和大型成套设备的融资租赁。

5.税务租赁

税务租赁的主要做法与直接融资租赁基本相同，其特点主要是：因租赁物件在承租人的项目中起着重要作用，该物件购买时在税务上又可取得政策性优惠，优惠部分可折抵部分租金，使租赁双方分享税收好处，从而吸引更多的出资人。一般用于国家鼓励的大中型项目的成套设备租赁。

6.百分比租赁

百分比租赁是把租赁收益和设备运用收益相联系的一种租赁形式。承租人向出租人缴纳一定的基本金后，其余的租金是按承租人营业收入的一定比例支付租金。出租人实际参与了承租人的经营活动。

7.风险租赁

风险租赁是指在成熟的租赁市场上，出租人以租赁债权和投资方式将设备出租给特定的承租人，出租人获得租金和股东权益作为投资回报的一项租赁交易。简而言之，风险租赁就是出租人以承租人的部分股东权益作为租金的一种租赁形式，这也正是风险租赁的实质所在。

8.结构式参与租赁

这是以推销为主要目的的融资租赁新方式，它吸收了风险租赁的一部分经验，结合行业特性新开发的一种租赁产品。主要特点如下。

（1）融资不需要担保。

（2）出租人是以供货商为背景组成的。

（3）没有固定的租金约定，而是按照承租人的现金流量折现计算融资回收。

（4）出租人除了取得租赁收益外还取得部分年限参与经营的营业收入。

9.合成租赁

它扩展了融资租赁的内涵，除了提供金融服务外还提供经营服务和资产管理服务，是一种综合性全方位的租赁服务，租赁的收益因此扩大而风险因此减少，使租赁更显露服务贸易特征。完成这项综合服务需要综合性人才，因此也体现知识在服务中的重要位置，合成租赁的发展，将成熟的租赁行业带入知识经济时代。

10.委托租赁

委托租赁是出租人在经营租赁的无形资产。如果从事的是经营性租赁，这种委托租赁就是在经营经营性租赁；如果从事的是融资租赁，这种委托租赁就是在经营融资租赁。委托租赁的一大特点就是可以让没有租赁经营权的企业，可以"借权"经营。一般企业利用租赁的所有权与使用权分离的特性，享受加速折旧，规避政策限制。电子商务租赁也是依靠委托租赁作为商务租赁平台的。

11.直接融资租赁

由承租人指定设备及生产厂家，委托出租人融通资金购买并提供设备，由承租人使用并支付租金，租赁期满由出租人向承租人转移设备所有权。它以出租人保留租赁物所有权和收取租金为条件，使承租人在租赁期内对租赁物取得占有、使用和收益的权利。这是一种最典型的融资租赁方式。

12.经营性租赁

由出租人承担与租赁物相关的风险与收益。使用这种方式的企业不以最终拥有租赁物为目的，在其财务报表中不反映为固定资产。企业为了规避设备风险或者需要表外融资，或需要利用一些税收优惠政策，可以选择经营租赁方式。

13.出售回租

出售回租，有时又称售后回租、回租赁等，是指物件的所有权人首先与租赁公司签订《买卖合同》，将物件卖给租赁公司，取得现金。然后，物件的原所有权人作为承租人，与该租赁公司签订《回租合同》，将该物件租回。承租人按《回租合同》还完全部租金,并付清物件的残值以后,重新取得物件的所有权。

出售回租实际上类似一种抵押融资行为,是物件所有权人用于盘活资产的融资手段。

14. 转租赁

以同一物件为标的物的多次融资租赁业务。在转租赁业务中,上一租赁合同的承租人同时又是下一租赁合同的出租人,称为转租人。转租人向其他出租人租入租赁物件再转租给第三人,转租人以收取租金差为目的。租赁物品的所有权归第一出租人。

15. 委托租赁

出租人接受委托人的资金或租赁标的物,根据委托人的书面委托,向委托人指定的承租人办理融资租赁业务。在租赁期内租赁标的物的所有权归委托人,出租人只收取手续费,不承担风险。

16. 分成租赁

一种结合投资的某些特点的创新性租赁形式。租赁公司与承租人之间在确定租金水平时,是以租赁设备的生产量与租赁设备相关收益来确定租金,而不是以固定或者浮动的利率来确定租金,设备生产量大或与租赁设备相关的收益高,租金就高,反之则少。

五、融资租赁的意义

融资租赁具有图7-4所示的意义。

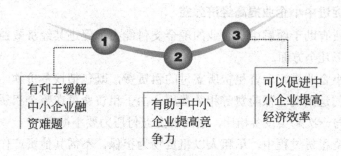

图7-4　融资租赁的意义

1. 有利于缓解中小企业融资难题

中小企业融资难是一个世界性的难题。由于自身基础薄弱、信誉差、经营风险大、偿债能力低,中小企业历来存在较大的资金缺口,而且缺乏通畅的融资渠道。商业银行由于需要考虑其效益和经营风险,对中小企业的贷款非常有限;中小企业直接上市融资门槛太高，它们大多数不具备上市条件；私募资金风险大、成本高，也很不规范。

融资租赁作为一种新的融资方式，可以使中小企业筹集到所需资金。因为融资租赁是以固定资产、无形资产为主要对象，以融资为目的，租赁双方订有合同并按合同要求支付租金，它是融资与融物相结合的产物。中小企业只需支付少量的租金，就可以获得资产的使用权，这既解决了它们对中长期资金的需求，又可满足其生产经营的需要。

2. 有助于中小企业提高竞争力

调整产业结构、转变经营模式，在很大程度上取决于企业能否捕捉到市场先机，并引进先进的技术和设备，提高产业层次和科技含量，这些都必须要有充裕的资金。根据我国国情，中小企业不可能从现有的融资渠道上获取大量的中长期资金，融资租赁正好可以解决这个难题。

首先，融资租赁过程中，中小企业作为承租人不需要一次支付巨额资金添置设备，只需支付少量租金，这样就可以大大减少企业在设备更新中的资金投入。

其次，融资租赁中的资产大部分为技术含量较高的先进设备，承租人有权选择设备类型和制造商，租赁期满时有权续租和低价购入租赁物，这样就可以促使中小企业加快技术改造和设备更新的步伐，提高产品的科技含量，真正转"危"为"机"。

最后，融资租赁可以推动中小企业的技术创新。中小企业大多技术水平低，研发能力弱，通过融资租赁可以获得先进的设备和技术，促使科技人员进行技术创新，增强其技术开发能力，促进产品的更新换代，提高市场竞争力。

3. 可以促进中小企业提高经济效益

融资租赁有助于缓解中小企业的现金支付能力，促进其经济效益的提高。主要表现在以下几个方面。

（1）中小企业进行融资租赁所支付的租赁费，既包括设备价款，又包括设备采购过程中的运杂费、保险费等相关费用。由于租赁费可在整个租赁期内分期支付，因此，与一次购买设备相比，它的现金支付压力要小得多。

（2）融资租赁过程中，承租人以租赁物为担保，不需其他资产作抵押，也不需担保公司进行担保，省去了大量的担保费用。

（3）中小企业进行融资租赁是一条融资的捷径，而且它还可以享受一定的税收优惠。因为租赁项目可以享受加速折旧，使企业在租赁前期降低所得税费用，延迟纳税，并为企业调结构、产业升级提供便利。如果租赁资产是出租方从国外租入后再转租给中小企业，则中小企业还可享受他国税收优惠，有效地降低租金水平，规避他国出口限制。

六、租赁融资的基本要素

融资租赁是融贸易、金融、租借为一体的一项综合性金融产品。出租人提供的是金融服务,而不是单纯的租借服务。它借助租赁这个载体,既是对金融的创新,也是对贸易的创新。它属于边缘经济中的服务贸易。融资租赁的基本要素可以简要概括为"两个相关的合同、三方当事人、四个支柱"。具体如图7-5所示。

要素一	两个相关合同:融资租赁合同、租赁物件购货合同
要素二	三方当事人:出租人、承租人、供货商
要素三	四个支住:法律法规保护、会计准则界定、税收优惠鼓励、监管制度适度

图7-5 融资租赁的基本要素

1.两个相关的合同

两个相关的合同,是指融资租赁合同和租赁物件购货合同。租赁合同确定融资收益,购货合同确定融资成本。两个合同牵制了三方当事人的权利和义务。

2.三方当事人

包括出租人、承租人和供货商三方当事人。有时出租人同时担当供货商的角色(委托租赁或结构性参与租赁),有时承租人同时担当供货商的角色(返还式租赁),还有时承租人同时担当出租人的角色(转租赁)。

出租人、供应商、承租人三方当事人的权利和义务是在两个合同中交叉体现的。在购买合同中主要体现出租人的义务——支付租赁物的货款,承租人行使买方的租赁物件选择权;在租赁合同中,主要体现了出租人的权利——收取租金,承租人要承担租赁物瑕疵风险,供应商在购买合同中的义务主要是对承租人负责。

3.四个支柱

融资租赁靠法律法规保护、会计准则界定、税收优惠鼓励、监管制度适度这四个支柱的支撑才能健康地发展。没有法律保障,租赁业务难以正常开展;没有会计准则,无法准确界定经营活动是否属于融资租赁的法律保护范围;没有税收上的优惠,融资租赁成本高,没有吸引力;没有监管,融资租赁的无序发展,将有可能扰乱金融市场秩序。

七、融资租赁的项目评估

融资租赁如同投资一样,需要考虑效益和风险。为了取得利益,降低风险可能带来的损失，出租人和承租人都要对项目整体的现状和未来进行全方位、多层次、多变量的科学评估。承租人评估项目的主要目的是考虑在融资租赁的条件下，核算扣除融资成本后的收益能否达到预期目标，争取最大限度地减少投资风险。出租人主要评估承租人的还款能力、负债能力、资金回收的安全性和项目的可行性，减少租金回收风险。

1. 项目评估的主要步骤

项目评估的主要步骤如图7-6所示。

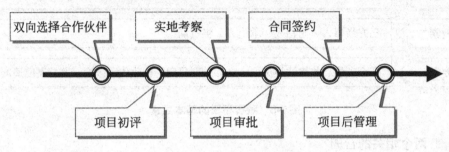

图7-6　项目评估的主要步骤

（1）双向选择合作伙伴　在租赁项目立项初期，企业应与多家租赁公司联系，了解租赁条件和费用，选择成本低、服务好、资信可靠的公司做合作伙伴。租赁公司则应选择经济实力强、资信好、债务负担轻、有营销能力和还款能力的企业做合作伙伴。只有在双方互相信任的基础上，才能对项目进行实事求是的评估鉴定。

（2）项目初评　租赁公司根据企业提供的立项报告、项目建议书及其他相关资料，通过当面洽谈，摸清项目的基本情况，将调查数据与同类项目的经验数据比较，进行简便估算，结合一般的感性认识对项目进行初评。若租赁公司认为项目可行，企业可以进一步编制可行性报告，办理项目审批手续。

（3）实地考察　租赁项目通过初评后，租赁公司必须派人深入企业进行实地考察，全面了解企业的经营能力和生产能力及其相应的技术水平和管理水平以及市场发展动态信息，了解项目所在地的工作环境和社会环境，财务状况、重要情况必须取得第一手资料。企业为了项目获得通过后的顺利运转，应给予真实的材料和积极的配合。

（4）项目审批　租赁公司的项目审查部门对企业提供的各种资料和派出人员的实地考察报告，结合企业立项的可行性报告，从动态和静态、定性和定量、经济和非经济等多方面因素进行综合分析，全面评价项目的风险和可行性，决定项目的取舍，并确定给企业的风险利差。如果项目可行，风险在合理可控的范围内，即可编制项目评估报告，办理内部立项审批手续。

(5) 合同签约　项目被批准后，租赁公司接受企业的租赁项目委托，就可办理租赁物件购置手续，签订购货合同和租赁合同。合同的价格条款和租赁条件都不应脱离可行性报告的分析数据太远，否则对项目要重新评估。签约后项目评估的结论可为项目的优化管理提供科学依据。

(6) 项目后管理　项目的后管理对于确保租金安全回收起着重要作用。在租赁项目执行过程中，承租人应经常将实际经营状况与可行性报告进行比较，随时调整经营策略，力求达到预期的经营目标。出租人则应经常将承租人的经营状况与评估报告的主要内容进行比较，发现问题及时采取措施，保证租金回收的安全运作。

2.项目评估的主要内容

由于企业的财务分析和国民经济分析在规范的可行性报告中已说明，因此项目评估的主要内容如图7-7所示。

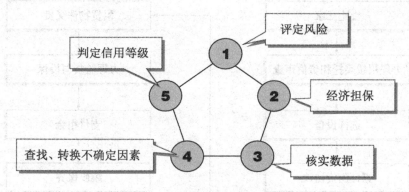

图7-7　项目评估的主要内容

(1) 评定风险　租赁回收的好坏主要是看企业偿还能力。对于出租人来说，最大的风险就是企业没能力偿还租金。在目前的经济环境下，判定风险的大小只能是让承租人提供有效的经济担保和企业真实的经济效益。影响租金回收的风险很多，除了偿还能力风险外，还有债务风险、利率和汇率风险、经营风险、市场变化、环境污染、政策调整、产业结构匹配以及其他不可预测等因素都会增加项目的风险，应在调查研究的基础上综合分析。

(2) 经济担保　承租企业的风险等级和经济担保能力是密切相关的。一般认为，按照风险程度进行排列，出租人所能接受的担保种类有银行担保、房地产抵押担保、有价证券抵押担保、大型企业担保。

(3) 核实数据　各种经济数据是项目评估的基础和依据，因此核实数据来源的可靠性和权威性是项目评估的重要环节，要着重核算租赁项目占投资总额的比例、企业资信能力等数据。

（4）查找、转换不确定因素　在尚未成熟的市场环境中，许多不确定因素增加了项目评估的难度和工作量。项目调研时，要充分寻找这些不确定因素，采取一些措施，如用概率论、数理统计等科学计算方法找出不确定因素的规律和变化趋势；对一些不落实或口头答应的事，以签订承诺书、意向书以及其他方式，将部分不确定因素转化为确定因素。

（5）判定信用等级　对企业信用施行等级制是整个融资租赁业务活动的分界点。租赁公司对企业的信用判定，就是对项目风险的判定。通过项目评估，判定出企业信用等级，根据等级的高低，决定项目的取舍和租赁利差的幅度。

八、融资租赁业务的办理程序

办理融资租赁业务的程序如图7-8所示。

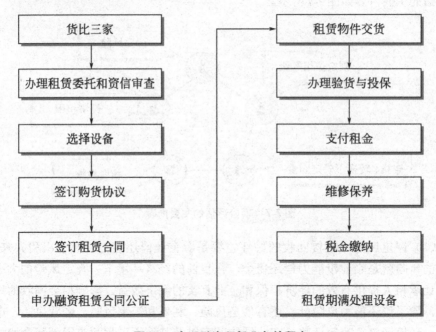

图7-8　办理融资租赁业务的程序

1. 货比三家

中小企业决定采用租赁方式筹取某项设备时，首先需了解各个租赁公司的经营范围、业务能力以及与其他金融机构的关系和资信情况，取得租赁公司的融资条件和租赁费等资料，并加以比较，从而择优选定。

2. 办理租赁委托和资信审查

企业选定租赁公司后，便可向其提出申请，办理委托。这时，承租企业填写

《租赁申请书》或《租赁委托书》，说明对所需设备的具体要求。租赁公司一般要求承租人提供经国家规定的审批单位批准并纳入计划的项目批件和可行性研究报告；以及经租赁公司认可由担保单位（如承租企业的开户银行）出具的对承租人履行租赁合同的担保函。同时，租赁公司为了估算出租的风险程度和判断承租人偿还租金的能力，还要求承租人提供本企业的资产负债表、企业经营书和各种财务报表。此外，必要时出租人还会通过资信机构对承租人的资历和信用情况进行进一步的调查，然后确定是否可以租赁。

3. 选择设备

选择设备的方法有：由企业委托租赁公司选择设备，商定价格；由企业先同设备供应商签订购买合同，然后将合同转给租赁公司，由租赁公司付款；经租赁公司指定，由企业代其订购设备，代其付款，并由租赁公司偿付贷款；由租赁公司和承租企业协商洽购设备等。

4. 签订购货协议

购货合同应由承租人、出租人和供应商三者参加签订。委托租赁的情况下，由租赁公司向制造厂商订购，并签订定货合同，同时由承租人副签。

5. 签订租赁合同

租赁合同由承租企业与租赁公司签订，是租赁业务的重要法律文件。融资租赁合同的内容可分为一般条款和特殊条款两部分。一般条款主要包括合同说明、名词解释、租赁设备条款、租赁设备交收条款和税务、使用条款、租期和起租日期条款以及租金支付条款等；特殊条款主要包括购货合同与租赁合同的关系、租赁设备的所有权、租期中不得退租、对出租人和对承租人的保障、承租人违约和对出租人的补救、保险条款、租赁保证金和担保条款、租赁期满对设备的处理条款等。

6. 申办融资租赁合同公证

融资租赁可申办融资租赁合同公证。融资租赁合同公证由当事人约定地或合同签订地的公证处管辖。当事人申办融资租赁合同公证应当填写公证申请表，并提交相关材料。

7. 租赁物件交货

制造厂商将租赁公司订购的设备到期直接拨交给承租人，并同时通知租赁公司。

8. 办理验货与投保

承租人收到制造厂商交来的设备后，即进行安装并运转试验。如其性能和其他方面都符合原规定要求，就作为正式验收，并把验收情况按期及时通知租赁公司。租赁公司据此向厂商支付设备价款，并开始计算租赁日期，计收租赁费用。同

第七章　融资租赁

时租赁公司根据租赁物件的价值向保险公司投保,签订保险合同,并支付保险费。

9.支付租金

承租企业按合同规定的租金数额、支付方式,向租赁公司分期缴纳租金。租金根据租赁对象的不同以及双方承担的义务和费用情况来确定。

10.维修保养

承租人可与供应租赁物件的制造厂商或其他有关供货人签订维修保养合同,并支付有关费用。

11.税金缴纳

租赁公司与承租人根据租赁合同的规定,各自向税务机构缴纳应负担的税收。

12.租赁期满处理设备

融资租赁合同期满时,承租企业应按照租赁合同的规定,实行退租、续租或留购。在融资租赁中,租赁期满的设备一般以象征价格(一般是残值价)卖给承租企业或无偿转给承租企业,也可以以低廉租金续租。

九、租赁融资的风险

融资租赁是破解融资难题的一种对策,是市场经济发展到一定阶段而产生的一种适应性较强的融资方式,因此深受广大中小企业的青睐。不过,由于融资租赁服务具有许多不确定因素,其风险问题也不容忽视。

总体来说,租赁融资的风险种类主要有图7-9所示的几种。

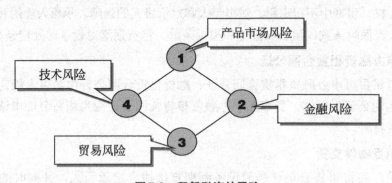

图7-9 租赁融资的风险

1.产品市场风险

在市场环境下,不论是融资租赁、贷款,或是投资,只要把资金用于添置设备或进行技术改造,首先就应该考虑用租赁设备生产的产品的市场风险,这就需要企业了解产品的销路、市场占有率和占有能力、产品市场的发展趋势、消费结构，以及消费者的心态和消费能力。如果企业对这些因素了解得不充分、调查得不细致，就有可能加大市场风险。

2.金融风险

由于融资租赁具有一定的金融属性，而金融方面的风险又是贯穿于整个业务活动之中的，这对于出租人来说，最大的风险就是承租人的还租能力，它将直接影响到租赁公司的经营和生存，因此，对还租的风险从立项开始，就应该备受关注。与此同时，货币支付也会存有一定的风险，特别是国际支付。支付方式、支付日期、时间、汇款渠道和支付手段选择不当，都会加大风险。

3.贸易风险

融资租赁也同样具有一定的贸易属性，而贸易方面的风险从定货谈判到试车验收都存在着风险。由于商品贸易在近几年发展得比较完备，社会也相应建立了配套的机构和防范措施，如信用证支付、运输保险、商品检验、商务仲裁、信用咨询等，都对风险采取了防范和补救措施，但由于人们对风险的认识和理解的程度不同，有些手段又具有商业性质，加之企业管理的经验不足等因素，这些手段未被全部采用，使得贸易风险依然存在。

4.技术风险

融资租赁的好处之一就是先于其他企业引进先进的技术和设备。在实际运作过程中，技术的先进与否、先进的技术是否成熟、成熟的技术是否在法律上侵犯他人权益等因素，都是产生技术风险的重要原因。严重时，还会因技术问题使设备陷于瘫痪状态；同时还包括经济环境风险、不可抗力等。

十、防控融资租赁风险的措施

在李克强总理提出的"加快发展融资租赁和金融租赁"大背景下，企业又该如何正确使用融资租赁，做好风险防控呢？具体措施如图7-10所示。

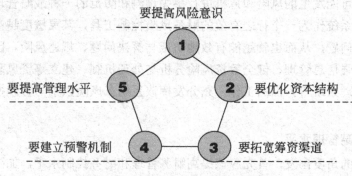

图7-10 防控融资租赁风险的措施

1. 要提高风险意识

企业应该在充分考虑影响负债筹资风险因素的基础上，树立风险防范意识，制定适合自身实际情况的风险规避方案。

（1）作为企业的领导者，应该加强科学决策，及时对负债筹资风险进行预测，避免由于决策失误而造成的支付危机；在企业面临负债筹资风险时，则应该积极采取措施，利用延期付款、降低利率、债务重组、动员债权人将企业部分债务转作投资等形式，适时与债权人进行协商，给企业持续经营创造良好的发展条件，避免因债权人采取不当措施而影响整个企业的生产经营。

（2）作为企业的财务管理人员，则应该将防范负债筹资风险贯穿于整个财务管理工作的始终，统筹协调生产经营各个环节，建立财务预警机制，用系统的、动态的方法，随时监控企业负债筹资风险，力争做到高收益、低风险。

2. 要优化资本结构

在筹资管理的过程中，企业应该采取适当的方法以确定最佳资本结构，使之达到最优化。一方面，在筹资决策中，企业应该确定最佳资本结构，并在以后追加投资中继续保持最佳结构；另一方面，对于那些原来资本结构就不尽合理的企业，则应该通过调整资本结构，尽量使其资本结构趋于合理，以达到最优化。

3. 要拓宽筹资渠道

对于大多数企业而言，筹资手段单一是制约其发展的主要瓶颈。如果以银行贷款的间接金融为主，往往会使企业因债务负担过重而陷入资金短缺的困境，从而加大了财务风险。然而，要想降低财务风险，企业就应该形成多渠道、多方式、多种类的筹资格局，发展直接金融的企业债券市场。

4. 要建立预警机制

风险预警系统是为了防止企业财务系统运行偏离预期目标而建立的报警系统，它是企业对可能发生的风险和危机进行事先预测和防范的一种战略管理手段。企业风险预警系统作为一个行之有效的财务风险控制工具，其灵敏度越高，就越能及早地发现问题，从而也就越能有效地防范与解决问题、规避风险。因此，企业应该注意加强信息管理、健全筹资风险分析与处理机制、建立筹资风险预警的计算机辅助管理系统等方面的工作，充分发挥该系统在风险识别与管理控制上的重要作用。

5. 要提高管理水平

从企业的角度出发，首先应该提高财务管理和财务控制水平，加强企业资金管理，按照市场需要组织生产，及时调整产品结构，完善企业生产经营流程，使存货保持在一个合理的水平上；其次应该建立稳定的信用政策，确定合理的应收账款比例，严格企业收款责任制度，积极催收货款，加速应收账款的周转，以减少和控制坏账损失的发生；再则应该结合企业各方面的实际情况，认真研究资金使用计划，利用财务分析方法对自身的财务状况、经营成果、现金流量进行一个综合性的分析与评价，从而可以不断提高企业的经营管理水平，提高融资租赁的风险防控能力。

第七章 融资租赁

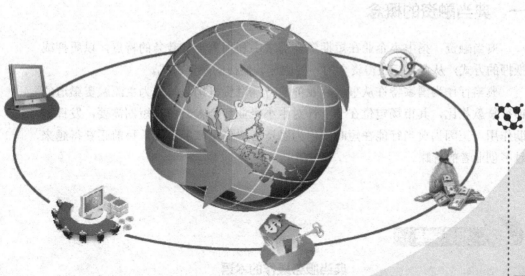

第八章 典当融资

一本书搞懂融资常识

导言

随着市场经济不断完善和发展，典当不断满足我国老百姓和中小企业对资金的不同需求，较好地弥补了银行、小贷公司等其他融资机构的不足，已成为我国以金融业为主体的整个社会融资体系的有益补充。

一、典当融资的概念

典当融资，指中小企业在短期资金需求中利用典当行救急的特点，以质押或抵押的方式，从典当行获得资金的一种快速、便捷的融资方式。

典当行作为国家特许从事放款业务的特殊融资机构，与作为主流融资渠道的银行贷款相比，其市场定位在于：针对中小企业和个人，解决短期需要，发挥辅助作用。正因为典当行能在短时间内为融资者提供更多的资金，目前正获得越来越多创业者的青睐。

  相关链接

典当服务操作的术语

（1）交当　当户（客户）执合法有效证件及当物所有权证明将当物交付给典当行营业员的行为。

（2）验当　由典当行营业员查验当户及当物有关情况的行为。

（3）估当　典当行营业员根据商品市场行情，对当物现行价格进行评估价格。

（4）折当　典当行营业员根据评估结果和当户协商，按一定比例折扣确定典当金额的行为。

（5）写当　填写当票的简称，旧时行业术语称"写票"，即根据与当户协商确定当金数额以及明确当期、费率等事项后，由营业员填写当票，签订借贷契约的行为。

（6）管当　又叫"存当"，典当行营业员凭当票保管联收妥当物，当面签封，将当物存放到库房进行保管的行为。

（7）当出　旧时典当行业术语，即发放当金，指典当行营业员根据当票实付金额向当户支付当金的行为。又称"放当"。

（8）续当　指典当期限届满时，当户不能偿还本金，经双方同意仍以原当物继续典当，续签当票或合同的行为。俗称"展期"，续当标志着典当双方权利义务关系的延续。

（9）赎当　当户按期偿还当金本息，赎取当物的行为。

（10）绝当　俗称"死当"，典当期限届满5日后，当户既不赎当也不续当的行为。

二、典当融资的特点

典当融资具有图8-1所示的特点。

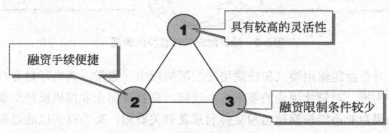

图8-1 典当融资的特点

1.具有较高的灵活性

典当融资方式的灵活性主要表现在以下四个方面。

（1）当物的灵活性 典当行一般接受的抵押、质押的范围包括金银饰品、古玩珠宝、家用电器、机动车辆、生活资料、生产资料、商品房产、有价证券等，这就为中小企业的融资提供了广阔的当物范围。

（2）当期的灵活性 典当的期限最长可以半年，在典当期限内当户可以提前赎当，经双方同意可以续当。

（3）当费的灵活性 典当的息率和费率在法定最高范围内灵活制定，往往要根据淡旺季节、期限长短、资金供求状况、通货膨胀率的高低、当物风险大小及债权人与债务人的交流次数和关系来制定。

（4）手续的灵活性 对一些明确无误、货真价实的当物，典当的手续可以十分简便，当物当场付款；对一些需要鉴定、试验的当物，典当行则会争取最快的速度来为出当人解决问题。

2.融资手续便捷

通过银行申请贷款手续繁杂、周期长，而且银行更注重大客户而不愿意接受小额贷款。作为非主流融资渠道的典当行，向个人及中小企业提供的质押贷款手续简单快捷，除了房地产抵押需要办理产权登记以外，其他贷款最快可以达到一小时放款，比如股票典当、汽车典当在华夏典当行、民生典当行等大型典当行都可以实现。这种经营方式也正是商业银行不愿做而且想做也做不到的。

3.融资限制条件较少

典当融资方式对中小企业的限制较少，主要体现在图8-2所示的两个方面。

（1）对客户所提供的当物限制条件较少 中小企业只要有值钱的东西，一般就能从典当行获得质押贷款。中小企业所拥有的财产，只要符合《典当管理办法》要求，经与典当行协商后同意，便可作为当物获得典当行提供的质押贷款。

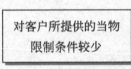
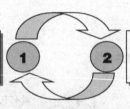

图8-2 融资限制条件较少的表现

（2）对企业的信用要求和贷款用途的限制较少　通常，典当行对客户的信用要求几乎为零，对贷款用途的要求很少过问。典当行向企业提供质押贷款的风险较少。如果企业不能按期赎当和交付利息及有关费用，典当行可以通过拍卖当物来避免损失。这与银行贷款情况截然不同。银行对中小企业贷款的运作成本太高，对中小企业贷款的信用条件和贷款用途的限制较为严格。

> **相关链接**
>
> **典当的范围**
>
> 1. 典当抵押品主要包括
>
> （1）动产　机动车、生产设备、生产原材料、生产成品、IT产品、高档产品、黄珀金钻饰品、金银/纪念币等。
>
> （2）财产权利　有价证券，包括沪深股票、银行存单、银行票据、基金、国库券等。
>
> （3）不动产　办公用房、住宅、厂房、地产等。
>
> 2. 不得收当的财产包括
>
> （1）依法被查封、扣押或者已经被采取其他保全措施的财产。
>
> （2）赃物和来源不明的物品。
>
> （3）易燃、易爆、剧毒、放射性物品及其容器。
>
> （4）管制刀具、枪支、弹药，军、警用标志、制式服装和器械。
>
> （5）国家机关公文、印章及其管理的财物。
>
> （6）国家机关核发的除物权证书以外的证照及有效身份证件。
>
> （7）当户没有所有权或者未能依法取得处分权的财产。
>
> （8）法律、法规及国家有关规定禁止流通的自然资源或者其他财物。

三、典当融资的优势

典当是以实物为抵押，以实物所有权转移的形式取得临时性贷款的一种融资方式。与银行贷款相比，典当贷款成本高、贷款规模小，但典当也有银行贷款所无法相比的优势。具体如图8-3所示。

优势一　与银行对借款人的资信条件近乎苛刻的要求相比，典当行对客户的信用要求几乎为零，典当行只注重典当物品是否货真价实。而且一般商业银行只做不动产抵押，而典当行则可以动产与不动产质押二者兼为

优势二　到典当行典当物品的起点低，千元、百元的物品都可以当。与银行相反，典当行更注重对个人客户和中小企业服务

优势三　与银行贷款手续繁杂、审批周期长相比，典当贷款手续十分简便，大多立等可取，即使是不动产抵押，也比银行要便捷许多

优势四　客户向银行借款时，贷款的用途不能超越银行指定的范围。而典当行则不问贷款的用途，钱使用起来十分自由。周而复始，大大提高了资金使用率

图8-3　典当融资的优势

微视角

典当也有一定的缺点，除贷款月利率外，典当贷款还需要缴纳较高的综合费用，包括保管费、保险费、典当交易的成本支出等，因此它的融资成本高于银行贷款。

四、典当融资的意义

如果说银行贷款是为中小企业发展"锦上添花"，那么将典当融资比作为中小企业"雪中送炭"一点都不为过。典当行的飞速发展顺应了当前民营经济和中小企业的发展需求，通过正规的典当行进行融资，远比通过民间高利贷进行融资来得健康，最重要的是典当行融资本着手续便利、当物多样化、不限资金用途的特点，能真正为企业解燃眉之急。

五、典当融资的操作流程

典当融资的操作流程如图8-4所示。

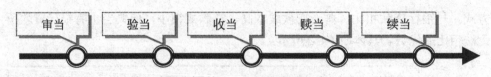

图8-4 典当融资的操作流程

1. 审当

这个环节主要工作是验明当物的归属权。当户必须提供当品合法有效的归属证件，以证明物品归当户所有，其次提交当户身份证明证件（企业提交营业执照、法人代码证等）进行审核建档。

2. 验当

即核对当物的发票、单据，由专业典当评估人员（古称"朝奉"）或是评估机构对当物进行估值，最终确定当金额度、典当折算率、综合费率、当期（不超过6个月）及利率。据了解，我国现行的《典当管理办法》规定：典当利率不能超过同期银行标准利率四倍。典当金额的折算也是根据当品的变现能力进行，一般来说会按照当品的四成至六成进行折算，若当品变现能力强如贵金属等，也有可能给予九成的折算率。

3. 收当

签订当票、典当协议书后，典当行将当品收当入库，扣除综合费后支付当金。至此，企业就能获得流动现金，用于企业生产经营。根据现行管理办法，典当的综合费用由典当行从当金中扣除。

4. 赎当

当户在当票到期后需凭当票到典当行办理赎当手续，在赎当之前必须结清当金及利息，才能办理出库手续，将当品及发票归还当户。

5. 续当

当票到期后若当户暂时不归还当金，需凭当票至典当行办理续当手续，同时必须支付本期当金利息，再对当物进行再次查验，签订续当合同及协议。在续当期间的利率、费率不发生改变，但是续当期不能超过原当期。

六、如何选择典当机构

企业在进行典当融资前，应按图8-5所示的几个方面来选择典当机构。

1. 熟悉分布

目前我国共有八千多家典当行，然而，典当行的分布并不平衡，故作为典当融资者尚需尽量熟悉其状况。典当融资者要想随时享受典当服务，必须认准门户。

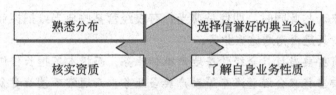

图8-5 选择典当机构的参考要素

一般来说，大家可以通过报刊、网站发布的典当广告或新闻报道获得本地或外地的典当行地址，这样便能够对不同的典当行进行比较，作出正确的选择。

2.核实资质

从事典当交易必须与合法典当行进行，合法典当行是由各级政府依法批准设立的。因此，典当融资者应当注意核实拟与其进行交易的典当行的法定资质，具体而言就是核实典当行的"三证"：国家商务部颁发的"典当经营许可证"、地方公安机关颁发的"特种行业许可证"和地方工商行政管理机关颁发的"企业法人营业执照"，"三证"缺一不可，否则便有非法典当行的嫌疑。

近年来国内典当业的发展状况显示，一些非典当机构如寄卖行、二手商品交易公司等，经常打着典当行的旗号从事非法典当业务，它们假承诺、高收费，甚至欺诈客户，酿出许多社会纠纷，严重干扰了一些地区的正常的典当交易秩序，妨碍了典当业的健康发展，这些无疑是每个典当融资者都应当时刻予以警惕的。

3.选择信誉好的典当企业

从事典当交易必须考虑典当行的企业信誉，要与那些信誉度好、知名度高的典当行打交道。因为典当是以物换钱，当户要把当物的占有权转移至典当行才能获得当金，故选择讲诚信的典当行，更有利于当物的妥善保管，且即使当物出现毁损，也更有利于向典当行索赔。

另外，讲诚信的典当行往往能够自觉做到与当户公平交易，不欺不诈，在典当实践中遵守平等、自愿、诚信、互利的原则，遵守典当从业人员的职业道德。这些都是从事任何一笔正常的典当交易所不可缺少的，故典当融资者应当谨记。

4.了解自身业务性质

典当行有规模大小、资质高低之分，对此，每个典当融资者都必须尽可能地知晓，从而了解拟与其进行交易的典当行的法定经营范围。

商务部《典当管理办法》有以下明确规定。

（1）从事动产典当业务的，典当行注册资本最低限额为300万元。

（2）从事房地产抵押业务的，注册资本最低限额为500万元。

（3）从事财产权利典当业务的，注册资本最低限额为1000万元。

这表明，有些典当行只能做一般的动产典当业务，而不能做房地产抵押业务或财产权利典当业务，故典当融资者要防止进错门，与那些不具备相应业务能力的典当行往来。与此同时,即使是典当行有权经营某些典当或抵押业务,典当融资者也还要看其是否精通这些业务。

比如,有些典当行只会经营房地产抵押业务,而根本不擅长任何动产典当业务,另有些典当行只会经营汽车等动产典当业务。而通常不擅长贵金属首饰、珠宝钻石、名表等不动产典当业务。

这就要求典当融资者必须找专业对门的典当行从事典当交易,特别是动产典当交易,否则难以保证典当交易的质量。

> **微视角**
>
> 选择好典当融资的品种利用典当方式融资,无论是大众融资还是个体工商户融资,还应当有针对性地选择最适合自己的融资品种,从而才能达到物尽其用、事半功倍的目的。

七、典当融资的技巧

典当是一种借贷行为,要收取一定的费用,如何典当才能更省钱,当中是有技巧的。具体如图8-6所示。

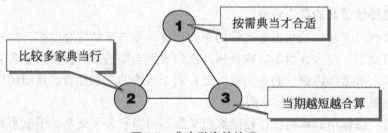

图8-6 典当融资的技巧

1.按需典当才合适

典当物品不是卖东西,并非当的价格越高越好,因为典当是要收取费用的,典当金越高,收取的费用也越高。

比如,一辆10万元的小轿车,依据当品的成色,典当行至少会给你5万元的典当金,如果按照月综合费率4%来计算,就要收取2000的综合费,但如果只需要1万元,则可以只拿1万元的典当金,这样综合费用就可以省下一半。

所以,典当只要按照个人的实际需求额度来决定典当金,无须以当品的实际价值来典当。

2.比较多家典当行

不同的典当行,典当的月综合费率可能相差在0.5%以上,典当前不妨多咨询几家典当行。按照国家规定，典当行收取的月综合费率是3%～5%，不能超出这个范围，各种当品的典当月综合费率也有差别，房产一般是2.5%～3%，首饰和轿车是4%左右。但每一家典当行收取的综合费也不尽相同。

3. 当期越短越合算

典当行收取的典当费用，除了依据当品的种类外，还要根据当期的长短来定。当期越长，利息越多，相应的综合费也越大。

提供短期借贷是当铺融资的特点，国内的典当行当期一般以月为单位，不宜过长。

比如，一家典当行金银珠宝首饰的月综合费率是4.7%，如果典当一个月，就按照典当金的4.7%来收取综合费率，如果当期是半个月，则是按2.35%来收取；如果当品的典当金是5万元，典当半个月比典当一个月，可以省下1175元。

不过，一般典当行都有起当期的限制，5天、10天到15天不等，如果当期不到规定的最低天数，也按照规定起当天数的综合费率来收取。比如典当行的起当期限是15天，月综合费率是4%，如果当期小于15天，也是按照半个月的综合费率来收取。

八、典当融资的注意事项

利用典当方式融资，应当注意以下一些常见问题。

1. 当金多少问题

许多当户认为，典当时获得的当金宜多不宜少，这实际上是认识上的一个误区。

（1）从典当行来说　从典当行来说，受理典当不是买进当物而是借贷活动，因而既不能按照当物的原始价格也不能按照当物的评估价格发放当金，典当行只能按照一定的折当率或抵押率向当户发放当金，如值十当五、值十当七等，即当物估价1万元，发放当金5000元或7000元。故此，当户典当时的心理价位不应当太高，而只能保持一个合理的期望值。

（2）从当户来说　从当户来说，申请典当不是卖出货物而是借贷活动，因而没有必要刻意追求高额当金，即当金并非越多越好，因为当金数额越高，当户支付的利息和综合费用也越高。故此，当金数额的多少完全应当根据当户典当的目的来决定，用途不同，可多可少。

2. 当物安全问题

许多当户认为，典当时交付的当物由典当行负责保管很安全，这实际上是认识上的另一个误区。事实上，当物在典当行保管并非绝对安全。通常由以下几种情况造成。

（1）典当行保管不善　即典当行未尽到妥善保管之义务，从而造成当物毁损。如典当行的保管设施不到位、保管技术不过硬、保管经验不丰富等。

（2）典当行使用当物　即典当行违反法律规定和典当交易规则，在典当期间擅自使用当物，从而造成当物毁损。

比如，典当行驾驶当户典当的汽车；观看当户典当的电视机；佩戴当户典当的贵金属首饰等。

（3）典当行故意犯罪　即典当行侵害当户的合法权益，从而非法占有当物或造成其失窃。

比如，典当行将当户典当的当物调包更换后据为己有；典当行内外勾结故意将当户典当的当物任人偷窃等。

> **微视角**
>
> 利用典当融资时，当户应当具有当物毁损、失窃的风险意识，并在当物风险发生时，依法行使自己的索赔权。

3. 交易成本问题

许多当户对利用典当融资的交易成本包括息费承担问题认识不足，这也是需要提醒大家格外关注的一个重要问题。除此之外，有时客户还要承担房地产评估费、抵押合同的公证费和登记费、财产保险费等相应费用。

九、典当融资的风险管理

典当是一把双刃剑，它在扩大中小企业融资规模的同时，往往会加快盈利或亏损速度。典当融资只能当作一种应急性质的短期融资服务，不应作为一种常态化的融资方式，同时，它潜藏的风险也应引起重视。

一些中小企业本身经营利润就不高，如果依赖于高成本和高风险的典当融资，将会遇到很大的还款风险。中小企业典当融资，只能解决应急所需，而不能满足生产和技术研发需求。对于一些用于长期资产投资和投机的资金需求，还应考虑成本因素通过银行途径解决，不宜通过典当融资。如果借用典当资金去炒股或炒作房地产项目，则风险更大。

> **微视角**
>
> 选用典当进行融资时需谨慎行事，要考虑好自己的经营状况和偿还能力，细算一下典当融资的成本是否划算。切不可不顾后果地操作，否则将会造成不可挽回的惨痛后果。

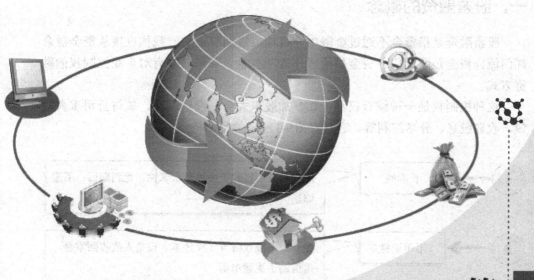

第九章 股票融资

一本书搞懂融资常识

导言

股票融资只为做股票时间较长有经验的客户提供炒股资金，让股票客户能够在自己有限本金的基础上迅速扩大资金量，从而可能让自己在股票投资中迅速盈利，最终实现股票客户、理财客户和公司三方达到共赢。

一、股票融资的概念

股票融资是指资金不通过金融中介机构,借助股票这一载体直接从资金盈余部门流向资金短缺部门,资金供给者作为所有者(股东)享有对企业控制权的融资方式。

这种控制权是一种综合权利,如参加股东大会、投票表决、参与公司重大决策、收取股息、分享红利等。它具有图9-1所示的几个特点:

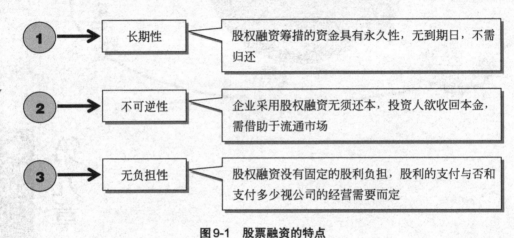

图9-1 股票融资的特点

二、股票融资的优点

股票融资的优点如下。

(1)筹资风险小 由于普通股票没有固定的到期日,不用支付固定的利息,不存在不能还本付息的风险。

(2)股票融资可以提高企业知名度,为企业带来良好的声誉 发行股票筹集的是主权资金。普通股本和留存收益构成公司借入一切债务的基础。有了较多的主权资金,就可为债权人提供较大的损失保障。因而,发行股票筹资既可以提高公司的信用程度,又可为使用更多的债务资金提供有力的支持。

(3)股票融资所筹资金具有永久性,无到期日,不需归还 在公司持续经营期间可长期使用,能充分保证公司生产经营的资金需求。

(4)没有固定的利息负担 公司有盈余,并且认为适合分配股利,就可以分给股东;公司盈余少,或虽有盈余但资金短缺或者有有利的投资机会,就可以少支付或不支付股利。

(5)股票融资有利于帮助企业建立规范的现代企业制度。

三、股票融资的缺点

股票融资的缺点如下。

（1）资本成本较高　首先，从投资者的角度讲，投资于普通股风险较高，相应地要求有较高的投资报酬率。其次，对筹资来讲，普通股股利从税后利润中支付，不具有抵税作用。另外，普通股的发行费用也较高。

（2）股票融资上市时间跨度长，竞争激烈，无法满足企业紧迫的融资需求。

（3）容易分散控制权　当企业发行新股时，出售新股票，引进新股东，会导致公司控制权的分散。

（4）新股东分享公司未发行新股前积累的盈余，会降低普通股的净收益，从而可能引起股价的下跌。

四、股票融资的方式

股票融资有三种主要的方式，具体如图9-2所示。

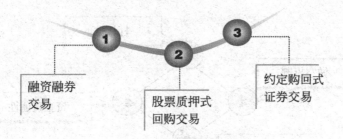

图9-2　股票融资的方式

五、融资融券交易

融资融券是指投资者以现金或证券等自有资产向具有融资融券资格的证券公司交付一定比例的保证金或担保物，然后借入资金买入上市证券或借入上市证券并卖出的行为。

1. 融资融券交易的作用

融资融券交易作为世界上大多数证券市场普遍常见的交易方式，其作用主要体现在四个方面，具体如图9-3所示。

2. 融资融券交易的特点

融资融券交易具有图9-4所示的特点。

作用一　融资融券交易可以将更多信息融入证券价格，可以为市场提供方向相反的交易活动，当投资者认为股票价格过高和过低，可以通过融资的买入和融券的卖出促使股票价格趋于合理，有助于市场内在价格稳定机制的形成

作用二　融资融券交易可以在一定程度上放大资金和证券供求，增加市场的交易量，从而活跃证券市场，增加证券市场的流动性

作用三　融资融券交易可以为投资者提供新的交易方式，可以改变证券市场单边式的状况，为投资者规避市场风险的工具

作用四　融资融券可以拓宽证券公司业务范围，在一定程度上增加证券公司自有资金和自有证券的应用渠道，在实施转融通后可以增加其他资金和证券融通配置

图9-3　融资融券交易的作用

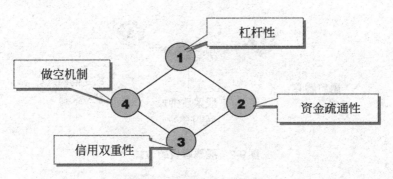

图9-4　融资融券交易的特点

（1）杠杆性　证券融资融券交易最显著的特点是借钱买证券和借证券卖证券。普通的股票交易必须支付全额价格，但融资融券只需交纳一定的保证金即可交易。

（2）资金疏通性　货币和资本市场作为金融市场的两个重要组成部分，两个市场间必须保持顺畅的资金流动状态，如果阻塞或狭窄，势必降低整体效率。

（3）信用双重性　证券融资融券交易中存在双重信用关系。在融资信用交易中，投资者可以只支付部分价款购买证券，不足的地方由经纪人垫付，这是要以投资者人能够偿还这部分价款和利息为前提，这是第一层信用关系；另一方面，经纪人所垫付的差价款，来源于券商的自有资金、客户保证金、银行借款或在货币市场融资，这称为转融通，包括资金转融通和证券转融通。

> **微视角**
>
> 我国由于试点期间只允许证券公司利用自有资金和自有证券从事融资融券业务，因此融资融券建立初期，我国只有第一层信用关系。

（4）做空机制　普通的股票交易必须先买后卖，当股票上涨时会获利，反之就会损，或者是等到价格上涨后再卖。融资融券制度后，投资者可以先借入股票卖出，等股价真的下跌后再买回归还给证券公司。这意味着股价下跌时也能获利，改变了单边市场状况。

3.融资融券交易的模式

融资融券交易是海外证券市场普遍实施的一项成熟交易制度，是证券市场基本职能发挥作用的重要基础。各个开展融资融券的资本市场都根据自身金融体系和信用环境的完善程度，采用了适合自身实际情况的融资融券业务模式，概括地归结为三大类，具体如图9-5所示。

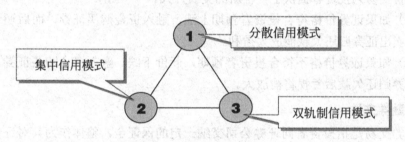

图9-5　融资融券交易的模式

（1）分散信用模式　投资者向证券公司申请融资融券，由证券公司直接对其提供信用融资融券交易模式。当证券公司的资金或股票不足时，向金融市场融通或通过标借取得相应的资金和股票。这种模式建立在发达的金融市场基础上，不存在专门从事信用交易融资的机构。

这种模式以美国为代表，中国香港市场也采用类似的融资融券交易模式。

（2）集中信用模式　券商对投资者提供融资融券，同时设立半官方性质的、带有一定垄断性质的证券金融公司为证券公司提供资金和证券的转融通，以此来调控流入和流出证券市场的信用资金和证券量，对证券市场信用交易活动进行机动灵活的管理。

这种模式以日本、韩国为代表。

（3）双轨制信用模式　在证券公司中，只有一部分拥有直接融资融券的许可证的公司可以给客户提供融资融券服务，然后再从证券金融公司转融通。而没有许可的证券公司只能接受客户的委托，代理客户的融资融券申请，由证券金融公司来完成直接融资融券的服务。这种模式以中国台湾地区为代表。

> **微视角**
>
> 选择哪种信用交易模式很大程度上取决于金融市场的发育程度、金融机构的风险意识和内部控制水平等因素。

4.融资交易

融资交易是指，投资者向证券公司交纳一定的保证金，融（借）入一定数量的资金买入股票的交易行为。投资者向证券公司提交的保证金可以是现金或者可充抵保证金的证券。以后证券公司向投资者进行授信后，投资者可以在授信额度内买入由证券交易所和证券公司公布的融资标的名单内的证券。投资者信用账户内融资买入的证券及其他资金证券，整体作为其对证券公司所负债务的担保物。

融资交易为投资者提供了一种新的交易方式。

（1）如果证券价格符合投资者预期上涨，融入资金购买证券，而后通过以较高价格卖出证券归还欠款能放大盈利。

（2）如果证券价格不符合投资者预期，股价下跌，融入资金购买证券，而后卖出证券归还欠款后亏损将被放大。

5.融券交易

融券交易是指投资者向证券公司交纳一定的保证金，整体作为其对证券公司所负债务的担保物。融券交易为投资者提供了新的盈利方式和规避风险的途径。

（1）如果投资者预期证券价格即将下跌，可以借入证券卖出，而后通过以更低价格买入还券获利。

（2）或是通过融券卖出来对冲已持有证券的价格波动，以套期保值。

6.融资融券交易的风险

融资融券交易作为证券市场一项具有重要意义的创新交易机制，一方面为投资者提供新的盈利方式，提升投资者交易理念，改变"单边市"的发展模式，另一方面也蕴含着相比以往普通交易更复杂的风险。除具有普通交易具有的市场风险外，融资融券交易还蕴含其特有的风险，具体如图9-6所示。

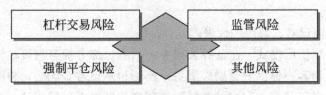

图9-6　融资融券交易的风险

（1）杠杆交易风险　融资融券交易具有杠杆交易特点，投资者在从事融资融券交易时，如同普通交易一样，要面临判断失误、遭受亏损的风险。由于融资融券交易在投资者自有投资规模上提供了一定比例的交易杠杆，亏损将进一步放大。

例如投资者以100万元买入一只普通股票，该股票从10元/股下跌到8元/股，投资者的损失是20万元，亏损20%；如果投资者以100万元作为保证金、以50%的保证金比例融资200万元买入同一只股票，该股票从10元/股下跌到8元/股，投资者的损失是40万元，亏损40%。

因此，投资者要清醒地认识到杠杆交易的高收益高风险特征。

此外，融资融券交易需要支付利息费用。投资者融资买入某只证券后，如果证券价格下跌，则投资者不仅要承担投资损失，还要支付融资利息；投资者融券卖出某只证券后，如果证券的价格上涨，则投资者既要承担证券价格上涨而产生的投资损失，还要支付融券费用。

（2）强制平仓风险　融资融券交易中，投资者与证券公司间除了普通交易的委托买卖关系外，还存在着较为复杂的债权债务关系，以及由于债权债务产生的担保关系。证券公司为保护自身债权，对投资者信用账户的资产负债情况实时监控，在一定条件下可以对投资者担保资产执行强制平仓。

投资者应特别注意可能引发强制平仓的几种情况，具体如表9-1所示。

表9-1　可能引发强制平仓的几种情况

序号	情形	具体说明
1	不能按照合同约定的期限清偿债务	投资者在从事融资融券交易期间，如果不能按照合同约定的期限清偿债务，证券公司有权按照合同约定执行强制平仓，由此可能给投资者带来损失
2	不能在约定的时间内足额追加担保物	投资者在从事融资融券交易期间，如果证券价格波动导致维持担保比例低于最低维持担保比例，证券公司将以合同约定的通知与送达方式，向投资者发送追加担保物通知。投资者如果不能在约定的时间内足额追加担保物，证券公司有权对投资者信用账户内资产执行强制平仓，投资者可能面临损失
3	其资产被司法机关采取财产保全或强制执行措施	投资者在从事融资融券交易期间，如果因自身原因导致其资产被司法机关采取财产保全或强制执行措施，投资者信用账户内资产可能被证券公司执行强制平仓，提前了结融资融券债务

（3）监管风险　监管部门和证券公司在融资融券交易出现异常，或市场出现系统性风险时，都将对融资融券交易采取监管措施，以维护市场平稳运行，甚至可能暂停融资融券交易。这些监管措施将对从事融资融券交易的投资者产生影响，投资者应留意监管措施可能造成的潜在损失，密切关注市场状况，提前预防。具体如表9-2所示。

表9-2 监管措施可能造成的潜在损失

序号	情形	具体说明
1	发生标的证券暂停交易或终止上市等情况	投资者在从事融资融券交易期间,如果发生标的证券暂停交易或终止上市等情况,投资者将可能面临被证券公司提前了结融资融券交易的风险,由此可能会给投资者造成损失
2	证券公司提高追加担保物和强制平仓的条件	投资者在从事融资融券交易期间,如果证券公司提高追加担保物和强制平仓的条件,造成投资者提前进入追加担保物或强制平仓状态,由此可能会给投资者造成损失
3	证券公司制定了一系列交易限制的措施	投资者在从事融资融券交易期间,证券公司制定了一系列交易限制的措施,比如单一客户融资规模、融券规模占净资本的比例、单一担保证券占该证券总市值的比例等指标,当这些指标到达阈值时,投资者的交易将受到限制,由此可能会给投资者造成损失
4	证券公司因融资融券资质出现问题	投资者从事融资融券交易的证券公司有可能因融资融券资质出现问题,而造成投资者无法进行融资融券交易,由此可能给投资者带来损失

(4)其他风险 融资融券交易的其他风险主要如表9-3所示。

表9-3 融资融券交易的其他风险

序号	情形	具体说明
1	同期金融机构贷款基准利率调高	投资者在从事融资融券交易期间,如果中国人民银行规定的同期金融机构贷款基准利率调高,证券公司将相应调高融资利率或融券费率,投资者将面临融资融券成本增加的风险
2	未能关注到通知内容并采取相应措施	投资者在从事融资融券交易期间,相关信息的通知送达至关重要。《融资融券合同》中通常会约定通知送达的具体方式、内容和要求。当证券公司按照《融资融券合同》要求履行了通知义务后即视为送达,如果投资者未能关注到通知内容并采取相应措施,就可能因此承担不利后果
3	资料保管不善或者将信用账户出借给他人使用	投资者在从事融资融券交易期间,如果因信用证券账户卡、身份证件和交易密码等保管不善或者将信用账户出借给他人使用,可能遭受意外损失,因为任何通过密码验证后提交的交易申请,都将被视为投资者自身的行为或投资者合法授权的行为,所引起的法律后果均由该投资者承担
4	其信用资质状况降低	投资者在从事融资融券交易期间,如果其信用资质状况降低,证券公司会相应降低对投资者的信用额度,从而造成投资者交易受到限制,投资者可能遭受损失

> **微视角**
>
> 投资者在进行融资融券交易前，必须对相关风险有清醒的认知，才能最大程度避免损失，实现收益。

六、股票质押式回购交易

股票质押式回购交易（简称"股票质押回购"）是指符合条件的资金融入方（简称"融入方"）以所持有的股票或其他证券质押，向符合条件的资金融出方（简称"融出方"）融入资金，并约定在未来返还资金、解除质押的交易。

1. 业务流程

股票质押回购的业务流程如下。

（1）融入方、融出方、证券公司各方签署《股票质押回购交易业务协议》。

（2）证券公司根据融入方和融出方的委托向深交所交易系统进行交易申报。

（3）交易系统对交易申报按相关规则予以确认，并将成交结果发送中国结算深圳分公司。

（4）中国结算深圳分公司依据深交所确认的成交结果为股票质押回购提供相应的证券质押登记和清算交收等业务处理服务。

2. 交易主体

融入方是指具有股票质押融资需求且符合证券公司所制定资质审查标准的客户。

融出方包括证券公司、证券公司管理的集合资产管理计划或定向资产管理客户、证券公司资产管理子公司管理的集合资产管理计划或定向资产管理客户。专项资产管理计划参照适用。

3. 标的证券

股票质押回购的标的证券为沪深交易所上市交易的 A 股股票或其他经沪深交易所和中国结算认可的证券。

4. 回购期限

股票质押回购的回购期限不超过 3 年，回购到期日遇非交易日顺延等情形除外。

5. 交易申报类型

股票质押回购的申报类型包括初始交易申报、购回交易申报、补充质押申报、部分解除质押申报、终止购回申报、违约处置申报。具体如表 9-4 所示。

表9-4 股票质押回购交易申报类型

序号	类型	具体说明
1	初始交易申报	初始交易申报是指融入方按约定将所持标的证券质押,向融出方融入资金的交易申报
2	购回交易申报	购回交易申报是指融入方按约定返还资金、解除标的证券及相应孳息质押登记的交易申报,包括到期购回申报、提前购回申报和延期购回申报。《业务协议》应当约定提前购回和延期购回的条件,以及上述情形下购回交易金额的调整方式。延期购回后累计的回购期限一般不超过3年
3	补充质押申报	补充质押申报是指融入方按约定补充提交标的证券进行质押登记的交易申报
4	部分解除质押申报	部分解除质押申报是指融出方解除部分标的证券或其孳息质押登记的交易申报
5	违约处置申报	违约处置申报是指发生约定情形需处置质押标的证券的,证券公司应当按照《业务协议》的约定向上交所提交违约处置申报,该笔交易进入违约处置程序
6	终止购回申报	终止购回申报是指不再进行购回交易时,融出方按约定解除标的证券及相应孳息质押登记的交易申报

6. 交易风险

股票质押回购交易的风险如图9-7所示。

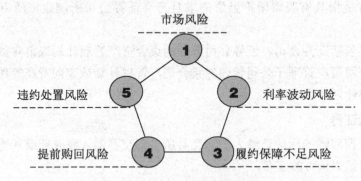

图9-7 股票质押回购交易的风险

(1)市场风险 待购回期间,若质押标的证券市值下跌,客户将面临按约定提前购回、补充质押标的证券或采取其他约定方式提高履约保障比例的风险。待购回期间,标的证券处于质押状态,客户无法卖出或另作他用,客户可能承担因证券价格波动而产生的风险。

(2)利率波动风险 客户在参与股票质押式回购交易期间,若因提前购回、延期购回，或中国人民银行调整同期金融机构贷款基准利率，导致期限利率变动，可能会给投资者带来额外的利息支出。

（3）履约保障不足风险　客户在参与股票质押式回购交易期间，因标的证券价格下跌等原因导致交易的履约保障不足时，客户需提前购回或补充质押；若客户无法提前购回或补充质押，则面临标的证券被违约处置的风险；且因处置结果的不确定，可能会给客户造成损失。

（4）提前购回风险　若质押标的证券在待购回期间发生被暂停或终止上市、跨市场吸收合并、要约收购、权证发行、公司缩股或公司分立等事件时，投资者面临被动提前购回的风险。

（5）违约处置风险　客户在参与股票质押式回购交易期间，发生《业务协议》所列示的违约情形时，则将面临标的证券被违约处置的风险，因处置结果的不确定，可能会给客户造成损失。

七、约定购回式证券交易

约定购回式证券交易是指符合条件的客户以约定价格向其指定交易的证券公司卖出标的证券，并约定在未来某一日期客户按照另一约定价格从证券公司购回标的证券，除指定情形外，待购回期间标的证券所产生的相关权益于权益登记日划转给客户的交易行为。

1. 基本要素

约定购回式证券交易的基本要素如表9-5所示。

表9-5　约定购回式证券交易的基本要素

序号	要素	具体说明
1	交易目的	实现投资者的短期资金融通
2	交易形式	两次证券买卖，包括初始交易和购回交易。待购回期间，证券公司进行盯市管理，控制履约风险
3	参与条件	开户时间无限制；开户手续齐全、有效、无不良记录等；无资产规模限制
4	交易期限	最长不超过一年。若购回交易日发生标的证券停牌，购回交易不受影响，仍然正常进行。交易期间，客户可根据实际的资金安排，选择提前或延期购回，并按照实际交易天数支付资金利息

2. 业务优势

约定购回式证券交易的优势如表9-6所示。

表9-6 约定购回式证券交易的优势

序号	优势	具体说明
1	手续简单	客户只需与证券公司签署一次协议，协议期间可灵活交易
2	交易效率高	客户与证券公司协商一致后，在正常交易时间下达指令，经交易所配对成交后，客户于T+2日即可获得资金；而质押融资等至少需1周时间
3	融资效率高	通过约定购回式证券交易，流通股权可融资金比率平均为50%，而质押融资等约在30%的水平
4	融资成本较低	融资利息以一年期贷款利率为基准，上浮2%～3%，比典当（月息达到4%）、信托融资（年息在10%以上）更低
5	资金使用灵活	资金可提取，用于生产经营和补充短期流动资金，限制较少；而银行、信托等通常有资金用途限制
6	多种履约措施	证券公司进行盯市管理，在股价下跌后，客户可灵活选择多种履约措施，保证交易的稳定性

相关链接

融资融券、股票质押回购、约定购回三者之间的区别

融资融券、股票质押回购、约定购回三者之间的区别如下表所示。

融资融券、股票质押回购、约定购回三者之间的区别

业务类型	融资融券	股票质押回购	约定购回
准入条件	托管资产20万元及以上；资金账户开户满6个月	自有资金：托管资产200万元及以上 资管产品：托管资产20万元及以上（目前仅限于自有资金，资管产品的开放时间待另行通知，下同）	托管资产100万元及以上
风险承受能力	中及以上	低及以上	低及以上
业务功能	杠杆交易、做空、T+0	满足客户中短期资金需要	满足客户短期流动资金需要
融资金额	0～4.8亿元。总额度超过4.8亿元的，融资与融券各最高可融4.8亿元	自有资金：100万～4.8亿元 资管产品：5万～4.8亿元	30万～2.4亿元

续表

业务类型	融资融券	股票质押回购	约定购回
资金用途	融入资金仅限买入标的证券，融券卖出所得资金仅限于偿还融券负债	融入资金直接进入保证金账户；资金用途较广，国有股融入资金不得用于买卖股票	融入资金直接进入保证金账户；用途不限
单笔融资交易期限	0～180天	自有资金：0～3年 资管产品：不超过产品期限，且不超过3年	0～365天
交易成本	融资利息与融券费用 交易佣金：印花税（卖出成交金额的0.1%）、过户费（上海市场，每1000股0.06%）	融资利息 交易经手费（每笔100元）、质押登记费（100元起；500万股/份以下，股票0.1%，基金债券0.05%；500万股/份以上的部分，股票0.01%，基金债券0.005%）	融资利息 交易佣金：印花税（卖出成交金额的0.1%）、过户费（上海市场，股数的0.06%）
标的证券范围	个人限售股不可融券卖出 董监高持股不可卖出	流通股、非流通股、限售流通股、个人解除限售存量股等均可，但国有股东持有的限售股或股权激励限售股不可卖出	非流通、限售流通、个人解除限售存量股不可卖出
资金证券到账时间	划转担保品，资金实时到账，证券T+1日到账	资金与证券均为T+1日到账	资金与证券均为T+2日到账
首次交易最低金额	无	自有资金：100万元 资管产品：视产品而定	30万元

第九章 股票融资

第十章 众筹融资

一本书搞懂融资常识

导言

相对于传统的融资方式，众筹更为开放，能否获得资金也不再是由项目的商业价值作为唯一标准。只要是网友喜欢的项目，都可以通过众筹方式获得项目启动的第一笔资金，为更多小本经营或创作的人提供了无限的可能。

一、众筹融资的概念

众筹,翻译自国外crowdfunding一词,即大众筹资或群众筹资,中国香港译作"群众集资",我国台湾译作"群众募资",在中国大陆是指用团购+预购的形式,向网友募集项目资金的模式。如图10-1所示。

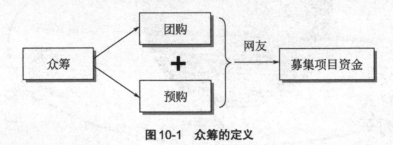

图10-1 众筹的定义

二、众筹融资的作用

众筹融资在中国虽刚起步,但我国如能对其进行有效利用,民间投融资的活力、优越性将会充分发挥出来,在建立多层次资本市场的趋势下,小微企业将会拥有多元化的融资渠道。具体来说,众筹融资的作用如图10-2所示。

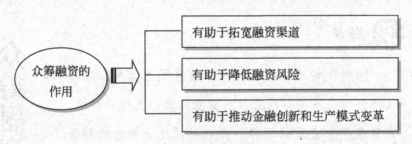

图10-2 众筹融资的作用

1.有助于拓宽融资渠道

众筹融资模式借助互联网平台,为投、融资双方的信息交流和资金融通搭建了桥梁,既为那些拥有好的创意项目但不具备常规融资条件的小微企业提供了大众化的融资渠道,又为民间资本投资搭建了便利平台。

一方面,投资者可以根据自己的偏好选择合适的投资项目;另一方面,创业者即融资者可以通过众筹融资筹集到所需资金,从而投入新产品生产或技术创新,促进民间资本向实体经济流转,为实体经济健康、快速发展提供资金保障。

2.有助于降低融资风险

众筹融资模式下,投资者众多,而每位投资者的投资额度可以很低,这有利于通过分散化的方式降低融资风险。此外，众筹融资模式利用互联网平台发布融资信息，融资信息通过网络传播更加方便、快捷，且成本低廉、信息交互性强。因此，借助众筹平台，项目融资人与投资者可以进行快速、高效的互动交流，通过这种交流能够充分了解投融资项目的收益、风险，可有效控制由信息不对称带来的逆向选择与道德风险问题。

3.有助于推动金融创新和生产模式变革

从项目本身来看，众筹融资项目一般都是一些有创意、有个性的项目，注重技术创新，科技含量较高，能够体现未来社会生产模式的变革趋势。而且，众筹融资过程与融资项目的宣传和市场推广过程相统一，项目的筹资情况能够反映出市场主体对该项目的反响和项目的前景。

从融资模式来看，众筹融资代表着"金融脱媒"的创新发展方向。寻求更高收益的投资者与寻求更低融资成本的企业，通过众筹平台进行融资，可绕开商业银行和其他金融中介，是一种"脱媒"的融资模式。"金融脱媒"既是金融创新的表现，也是经济发展的必然趋势。

三、众筹融资的优势

众筹融资风险小、收益大，对众多初创企业来说，比起向机构借贷，从对项目感兴趣的投资者中募集资金无疑是更好的选择。众筹融资具有图10-3所示的优势。

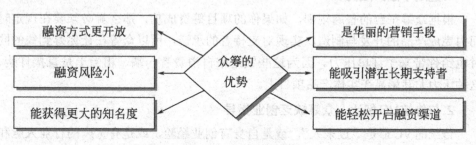

图10-3　众筹的优势

图10-3所示说明：

（1）融资方式更开放。发起与资助都与年龄身份职业等无关，能否获得资金也不再是由项目的商业价值作为唯一标准。

（2）融资风险小。申请贷款会将自己与金融风险绑定在一起，而众筹融资的优势是当你收到启动资金后，你只需提供针对捐赠者的奖励。

（3）能获得更大的知名度。无论众筹成功还是失败，它都能够给企业带来重要的市场反馈，而传统的融资程序通常会忽略这一点。

（4）是华丽的营销手段。众筹本身就是营销方式的一种，能够从一开始就让项目吸引大量的眼球，可以提高公众的认知。

（5）能吸引潜在长期支持者。一个众筹项目能让你有更多机会与不同的人进行交流，那些捐赠者会因你的创意而与你产生共鸣，进而对你的事业产生由衷的兴趣。

（6）能轻松开启融资渠道。互联网是开展众筹工作的绝佳舞台，它能提供无数的第三方入口，省却了自己寻找融资渠道的烦恼。

四、众筹融资的缺点

众筹融资同时也具有图10-4所示的缺点。

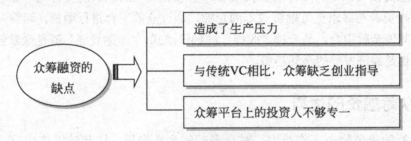

图10-4　众筹融资的缺点

1.造成了生产压力

根据众筹平台的普遍规则，如果你的项目筹资成功，那么就必须要在规定时间内完成产品的开发与制造，实现对支持者的承诺，所以众筹在让你筹到钱的同时也给你带来了订单压力。因为这些钱是来自消费者一端，相当于是直接订购。这种压力尤其彰显在实体产品项目上。

2.与传统VC相比，众筹缺乏创业指导

传统的VC都是"过来人"，或是自身有创业经验，或是有宽广的行业人脉和观察积累。总之，你在众筹平台上的支持者们是不可能提供给你统一、有建设性的建议的。一个好的VC能帮你少走很多弯路，尤其是在产品的推广阶段。你可能善于研发，但不一定会卖。

3.众筹平台上的投资人不够专一

众筹平台能帮你快速筹到用于产品研发和生产的资金，但不能保证你今后的资金链保持完整。传统的VC在给提供早期投资后，如果项目发展顺利，你还有机会获得后续的A、B、C轮融资。而在众筹平台上，你的那些支持者很可能早已把注意力转向了其他新奇的发明上。

五、众筹融资的流程

以筹资项目通过网络众筹平台开始向大众进行筹资,以及所设定的筹资期限截止为两个节点,可以将众筹运行流程分为众筹准备、在线众筹和筹资后期三个阶段。

1. 众筹准备阶段

众筹准备阶段是筹资项目上线筹资之前,众筹平台与筹资项目互相选择的过程。如图10-5所示。

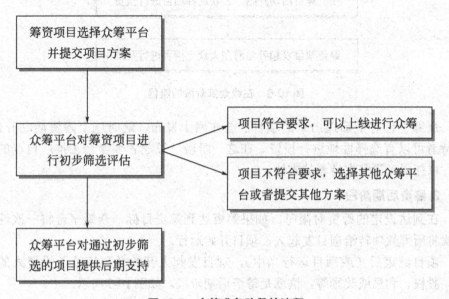

图10-5 众筹准备阶段的流程

首先,筹资项目发起者选择一个众筹平台并提交自己的项目方案,众筹平台接收到项目方案之后对筹资项目进行初步评估和审核。

由于每个众筹平台的关注点与触及的大众群体不尽相同,所擅长的行业也有所差异,平台会根据资金规模和行业经验,选择吸纳适合的项目进行众筹。评估和审核有两种可能的结果,即项目符合平台对筹资项目的要求,可以上线进行众筹;或项目不符合平台对筹资项目的要求,项目发起者可再选择其他众筹平台提交项目方案,或在该众筹平台提交其他项目方案。

对于被网络平台接受的项目,由于很多平台还会提供项目宣传、网络营销等后续服务来完善项目提案,增加在线众筹的成功率,因此接下来一步是众筹平台与筹资项目发起人一同对筹资项目的众筹计划进行完善,包括设置合理的目标筹资额、设定众筹时限及多样化的回报方式等。

2.在线众筹阶段

在线众筹的阶段是指筹资项目发起人在其设定的筹资时限之内面向大众进行筹资的过程,很多筹资项目在这期间涉及与大众互动的过程。如图10-6所示。

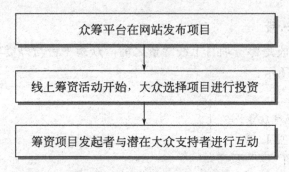

图10-6 在线众筹阶段的流程

众筹平台对于筛选出来的项目,会在网上发布,这时线上筹资活动开始,支持者可以有选择性地进行投资。在这一阶段,发起者要学会去推广自己的项目,以便得到更多支持者的支持。

3.筹资后期阶段

在到达设定的筹资时限时,如果筹资达到筹资目标,众筹平台将一次性或分次将所筹款项转给项目发起人,项目开始运行。

项目结束后(或项目运行当中),项目发起人开始兑现应给予投资人的回报,股权、利息或奖励等,这就是筹资后期阶段。如图10-7所示。

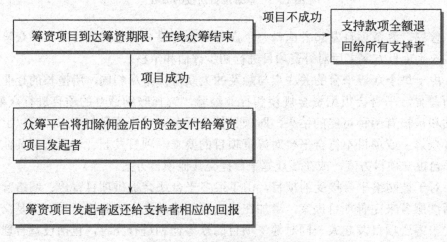

图10-7 在线众筹阶段的流程

筹资项目成功后，项目发起者将会给予支持者对等的回报。回报方式可能是实物，也可能是服务。如图10-8所示。

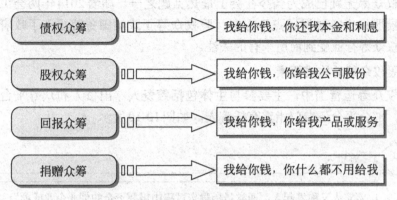

图10-8　不同方式的众筹得到回报也不同

> **微视角**
>
> 筹资项目必须在发起者预设的时间内达到或超过目标金额才算成功，没有达到目标的项目，支持款项将全额退回给所有支持者。

六、众筹融资的模式

众筹资源中一个最显而易见的就是闲置资金。当今很多人都有闲置资金，但大家既不是投资人，也不是天使，闲置资金数目也不大。个人的资金也许干不成什么事，但数以千计万计的小额资金汇聚起来，就可帮有梦想、有想法的人创业，最终每人的小额资金都创造了价值。这就是众筹模式的诱人之处。

按照主流的划分方式，众筹融资的模式如图10-9所示。

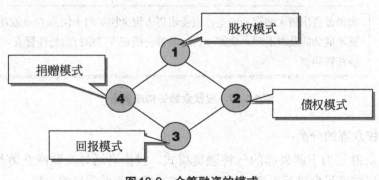

图10-9　众筹融资的模式

七、股权众筹

股权众筹无疑已成为当今社会上最热话题之一,随着2014年两会工作中提出"开展股权众筹融资试点"方案,股权众筹正式被国务院写入了政府工作报告,股权众筹行业受到前所未有的关注。

1. 股权众筹的构成要素

股权众筹运营当中,主要参与主体包括筹资人、出资人和众筹平台三个组成部分,部分平台还专门指定有托管人。如图10-10所示。

> **要素一** 筹资人
>
> 筹资人又称发起人,通常是指融资过程中需要资金的创业企业或项目,他们通过众筹平台发布企业或项目融资信息以及可出让的股权比例
>
> **要素二** 出资人
>
> 出资人往往是数量庞大的互联网用户,他们利用在线支付等方式对自己觉得有投资价值的创业企业或项目进行小额投资。待筹资成功后,出资人获得创业企业或项目一定比例的股权
>
> **要素三** 众筹平台
>
> 众筹平台是指连接筹资人和出资人的媒介,其主要职责是利用网络技术支持,根据相关法律法规,将项目发起人的创意和融资需求信息发布在虚拟空间里,供投资人选择,并在筹资成功后负有一定的监督义务
>
> **要素四** 托管人
>
> 为保证各出资人的资金安全,以及出资人资金切实用于创业企业或项目和筹资不成功的及时返回,众筹平台一般都会指定专门银行担任托管人,履行资金托管职责

图10-10 股权众筹的构成要素

2. 股权众筹的分类

股权众筹是当下新兴起的一种融资模式,投资者通过互联网众筹平台挑选项目,并通过该平台进行投资,进而获得被投资企业或项目的股权。

按照不同的标准，可对股权众筹具体作图10-11所示的分类。

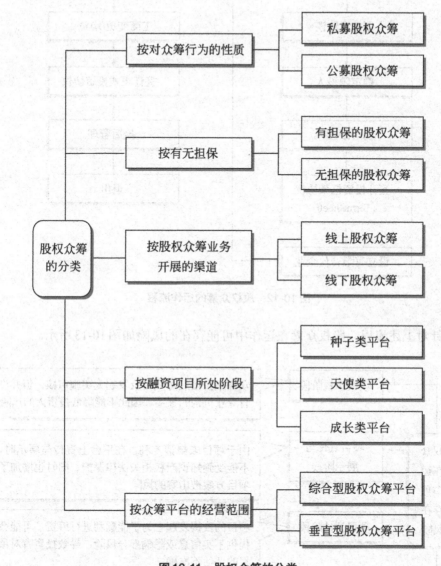

图10-11 股权众筹的分类

3.股权众筹的运作流程

目前，股权众筹的运作流程在具体操作过程中，由于项目、平台等差异，或有顺序上的变更，但包括路演吧在内的大多数股权众筹平台，基本流程均如图10-12所示。

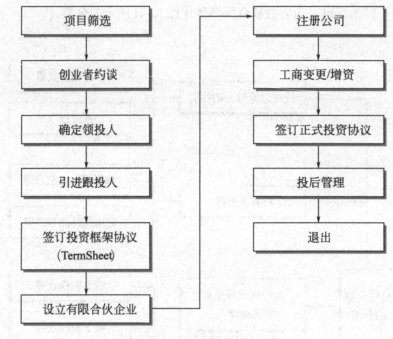

图 10-12 股权众筹的运作流程

针对上述流程,股权众筹在运作中可能存在的风险如图 10-13 所示。

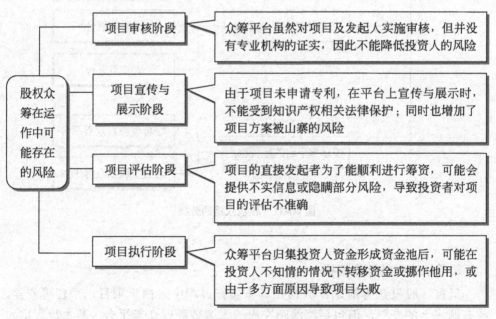

图 10-13 股权众筹在运作中可能存在的风险

对比其他众筹，股权众筹在操作流程上的最明显区别在于，"领投-跟投"模式。国内股权众筹目前多采用领投-跟投模式，这一模式最大的特点是将投资者分为普通投资人和合规投资人，合规投资人中还分为对某个领域非常了解的专业投资人，以及相对而言专业方面差些、但是对风险控制方面有丰富经验的投资人。领投-跟投模式特点如图10-14所示。

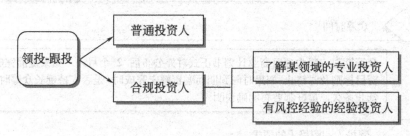

图10-14 "领投-跟股"模式的特点

4.股权众筹融资项目的基本要求

股权众筹平台一般会根据自身定位，对融资项目设定一定门槛和要求，具体体现在图10-15所示的几个方面。

要求一：在类型要求上，如人人投定位于店铺（餐厅、美容院等）的众筹融资；36kr、天使汇定位于TMT类的科技创新项目

要求二：在发起人要求上，不同平台会对发起人的背景、现状方面进行审核，并具体限制。比如"大家投"对项目发起人做如下限制：①不能够兼职创业；②自身必须投资项目；③不能够同时进行多个项目的创业；④必须已经实施项目，而非只是不成熟的想法；⑤必须草拟详细的融资规划

要求三：在融资额度上，限制在平台上进行融资的总额度，一般在500万元以下

图10-15 股权众筹融资项目的基本要求

5.股权众筹项目的具体设计

一般而言，股权众筹项目在平台上融资，需要从图10-16所示的几个方面事先做好具体设计。

6.股权众筹面临的风险

相比网络借贷（P2P）行业，股权众筹行业发展相对较慢，"名声"也相对较好。但就行业来看，股权众筹也有一定的风险，具体如图10-17所示。

| 设计一 | 融资额及出让股权比例 |

项目方应当合理确定其融资额及拟出让的股权比例，并根据企业发展要求确定融资成功目标，一般多为目标资金的 80%；同样，也应对融资的上限做以规定，超出部分不再接受，因为涉及股权稀释问题

| 设计二 | 众筹时间 |

众筹期限一般为项目商业计划书正式对外公布后 2 个月内，如果提前完成融资目标则及时终止；如果时间到期而融资额未完成时，是否支持延长众筹时间，延长多久，最好都要有明确说明

| 设计三 | 领投人和跟投人的要求 |

众筹项目发起人会对领投人的行业经验、相关职务、产业链关系等提出要求，另外发起人还会根据实际情况对领投人和跟投人各自的认购范围作出专门约定

| 设计四 | 投资人特定权益 |

对于投资人的特定权益，也是项目众筹设计时的一个关键部分，既要能打动投资人的投资心理，又要能巧妙利用不同投资人的资源

图 10-16　股权众筹项目的具体设计

股权众筹面临的风险

- 项目风险：由于种种原因，创业企业失败的概率相对较大；又或者项目虽然存活，但获取回报的时间非常长，不管是企业的创新风险和投资人的流动性风险，将会受到很大的挑战

- 平台风险：股权众筹平台虽说只是充当了信息中介的角色，理应不承担责任和风险，但在实际操作中，平台至少应该保证项目信息披露的准确性和真实性，才能让投资者放心投资

- 法律风险：股权众筹平台同 P2P 一样，也应注意非法集资类风险。其中应特别注意的包括资金流与信息流的分离，避免形式上和实质上平台吸收不特定多数人的钱款

图 10-17　股权众筹面临的风险

八、债权众筹

债权众筹,在中国更通用的叫法是"P2P网络借贷"。P2P的本意是Peer to Peer,个人对个人的借债。在中国更多的已经成为企业融资的手段,通过将债务打散,向公众借款。

1. 债权众筹的定义

债权众筹,是指投资者对项目或公司进行投资,获得其一定比例的债权,未来获取利息收益并收回本金,即我给你钱,你之后还我本金和利息。

2. 债权众筹的关键环节

从一个成熟的债权转让运营模式而言,主要有图10-18所示的几个关键环节。

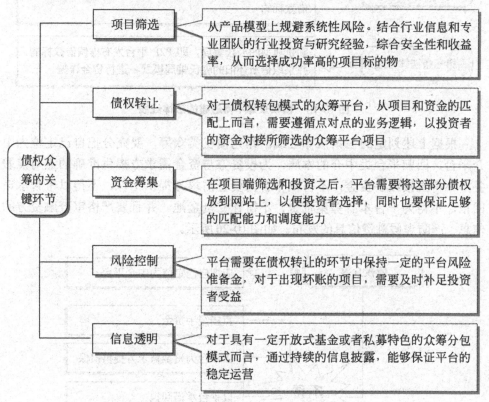

图10-18 债权众筹的关键环节

3. 债权众筹的法律风险及防控

债权类众筹表现的一般形式为P2P模式,其最可能触碰的刑事罪名是非法集资类犯罪,主要是非法吸收公众存款和集资诈骗,属于公检法司法机关受理和管辖的范围。同样,如果尚未达到非法集资的刑事立案标准,则其可能构成非法金融行政违法行为，属于人民银行监管处罚的范围。

那么如何避开非法集资类的刑事或行政法律风险呢？在目前监管层对互联网金融持积极开放的态度下，债权类众筹可以创新，但不要触碰法律红线，就可以避开非法集资类的刑事犯罪或行政违法风险。具体如图10-19所示。

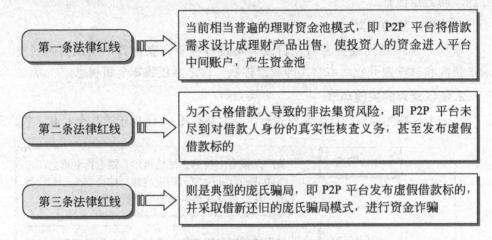

图10-19 债权众筹不得触碰的法律红线

根据上述划定的三条法律红线，作为债权类众筹，要充分把自己定位为中介平台，回归平台类中介的本质，为投资方与资金需求方提供准确的点对点服务，不得直接经手资金，不得以平台为资金需求方提供担保，不得以平台承诺回报，不得为平台本身募集资金，不得建立资金池。并且要严格审查融资方的信息，严防虚假融资信息的发布。如图10-20所示。

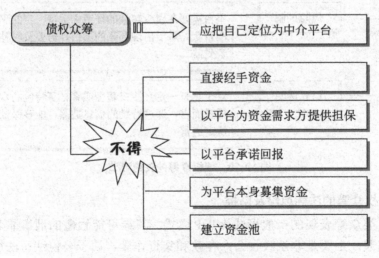

图10-20 债权众筹的风险防控方法

如果债权类众筹能够做到上述几个方面，严格恪守法律红线，则可能避开非法集资类刑事或行政类法律风险。

九、回报众筹

回报众筹，是指投资者对项目或公司进行投资，从而获得产品或服务，即我给你钱，你给我产品或服务。

1.回报众筹的价值

回报众筹是目前最受关注的融资方式，其直接表现形态类似于"团购"或者"预售"。但由于其本质不同，所以其价值提供和价值传递的方式均有显著的差别。具体如图10-21所示。

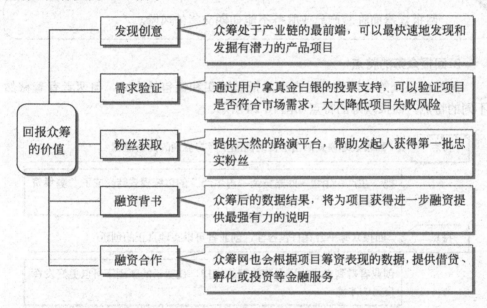

图10-21 回报众筹的价值

因此，回报众筹的核心诉求并不是直接的融资，而是"筹人、筹智、筹资"的过程。如图10-22所示。

2.回报众筹与团购的区别

回报众筹一般指的是预售类的众筹项目，团购自然包括在此范畴。但团购并不是回报众筹的全部，且回报众筹也并不是众筹平台网站的全部。如图10-23所示。

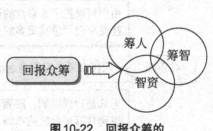

图10-22 回报众筹的核心诉求

回报众筹		团购
指的是仍处于研发设计或生产阶段的产品或服务的预售	募集资金的产品/服务发展的阶段不同	更多指的是已经进入销售阶段的产品或服务的销售
主要为了募集运营资金、测试需求	回报众筹与团购的目的不尽相同	主要是为了提高销售业绩

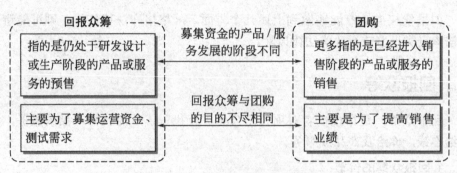

图 10-23　回报众筹与团购的区别

微视角

回报众筹面临着产品或服务不能如期交货的风险。

3. 回报众筹的特点

虽然回报众筹与团购都是产品的批量购买和销售的方式，但两者有着截然不同的特点。回报众筹的特点如图 10-24 所示。

- 特点一　回报众筹模式颠覆了传统商品生产与流通的固有流程
  - 把“生产—销售—回笼资金—再生产”的传统模式转变成了“募集资金—试制—生产—发货”
- 特点二　回报众筹平台具有包容性，创业者可以实现真正的创新
  - 创业者得到充足的资金和热情的支持，在宽松的氛围下可以更好发挥自己的才能
- 特点三　回报众筹平台具有社交性
  - 用户可以把个人喜欢的项目分享到 QQ 空间、微博、微信、人人网等社交平台，带动更多的人支持项目
- 特点四　回报众筹是互联网金融的热门品种，有着巨大的市场潜力
  - 尤其是近段时间，随着国内互联网金融热潮再次掀起，大量企业纷纷搭建众筹平台抢滩市场

图 10-24　回报众筹的特点

> **微视角**
>
> 回报众筹的项目发起人在筹集款项时,投资人可能获得非金融性奖励作为回报。这种回报仅是一种象征,也可能是由某投资人来提供,如VIP资格、印有标志的T恤等。

4.回报众筹的法律风险及防控

相对而言,回报类众筹是法律风险最小的众筹模式。但是如果回报类众筹不能够规范运作,若使融资方有机可乘发布虚假信息,则可能触碰集资诈骗的刑事法律风险,若未达到刑事立案标准,则可能构成非法金融类行政违法行为。

为了避免上述法律风险存在,回报类众筹需要注意不要碰图10-25所示的法律红线。

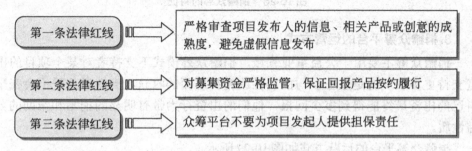

图10-25 回报众筹的法律风险

如果回报类众筹能够做到上述几个方面,严格恪守法律红线,则可以避开非法集资类刑事或行政类法律风险。

十、捐赠众筹

捐赠众筹是众筹的一种模式,和债券众筹、股权众筹不相同的是,捐赠众筹是一种不计回报的众筹。其实像是红十字会这类NGO的在线捐款平台可以算是捐赠众筹的雏形:有需要的人由本人或他人提出申请,NGO做尽职调查、证实情况,NGO在网上发起项目,从公众募捐。

1.捐赠众筹的概念

捐赠众筹是指投资者对项目或公司进行无偿捐赠,即我给你钱,你什么都不用给我。

2.捐赠众筹的特征

广义的众筹是指利用社交网络传播的特性,让中小微企业家、艺术家或个人对公众展示其创意项目,在争取关注的同时,获得所需要的资金完成融资项目。而捐赠众筹则是通过相同的手法来达成公益项目的筹款目的。捐赠众筹的特征如图10-26所示。

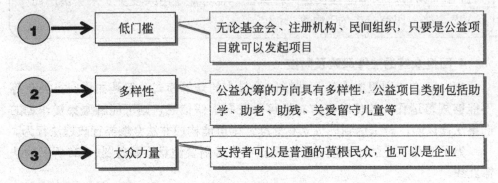

图10-26 捐赠众筹的特征

3.捐赠众筹平台的运营方式

捐赠众筹主要用于公益事业领域,捐赠众筹模式下支持者对某个项目的出资支持更多表现的是重在参与的属性或精神层面的收获,支持者几乎不会在乎自己的出资最终能得到多少回报,他们的出资行为带有明显的捐赠和帮助的公益性质。

捐赠众筹平台的运营方式如图10-27所示。

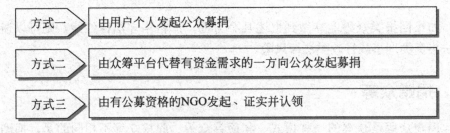

图10-27 捐赠众筹平台的运营方式

4.捐赠众筹在国内发展的限制因素

对于捐赠众筹,由于其公益性质,非常具有理想主义色彩,虽然在众筹总体金额中占比非常小,有数据显示仅占1.34%,但对于数量众多和存续困难的公益组织而言意义重大。

但公益本身而言,虽然爱心无门槛,公益组织的运营其实是门槛较高的,仅就资金的管理和使用就十分具有挑战,也是大众最为关心的一点,国内公益事业发展不起来,跟公益组织和机构的专业性是十分相关的。

捐赠众筹在国内发展的限制因素如图10-28所示。

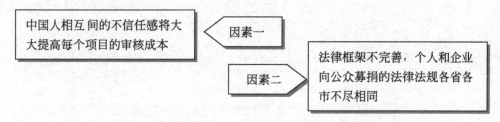

图10-28　捐赠众筹在国内发展的限制因素

5.捐赠众筹的法律风险及防控

捐赠类众筹如果规范运作的话，不存在任何法律障碍。但是如果被虚假公益项目信息发起人利用，则可能触碰集资诈骗类刑事法律红线。

为了避免上述法律风险存在，回报类众筹需要注意不要碰图10-29所示的法律红线。

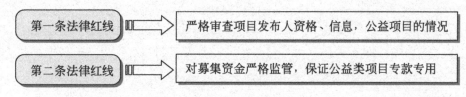

图10-29　捐赠众筹的法律风险

如果公益类众筹能够做到上述几个方面，严格恪守法律红线，则可以避开非法集资类刑事法律风险。

第十一章 P2P融资

导言

随着网络时代的迅速发展以及民间小额贷款形式的蓬勃兴起，P2P网络信贷也作为一种平台模式在互联网间扩展开来，它为借款人和投资人提供一个融资平台，为促进双方达成协议提供中介服务，这一过程中的资料、资金、合同、手续等全部通过网络实现。

一、P2P融资的概念

P2P融资是指个人与个人间的小额借贷交易，一般需要借助电子商务专业网络平台帮助，借贷双方确立借贷关系并完成相关交易手续。具体如图11-1所示。

图11-1　P2P融资的概念

二、P2P融资的优势

P2P融资借贷这种新兴的金融模式相比于传统商业银行的借贷流程有一定的优势。具体如图11-2所示。

图11-2　P2P融资的优势

1. 提高了融资效率

首先，互联网技术和互联网平台的运用使得P2P融资借贷在完成借贷的时候，能够促使借款人和投资者双方需求信息的交流和直接撮合匹配，极大地降低了交易成本，提高了融资效率。

2. 提供了融资渠道

另外，P2P融资借贷专注于传统金融尚未布及的民间小额融资借贷领域，因此不仅为中小微企业提供了高效、低门槛的融资渠道，为普通老百姓提供了灵活便捷的投资渠道，而且还提高了民间资本的配置效率。这对于促进实体经济和国内金融业的进一步发展有重要的作用。

三、P2P的运营模式

P2P，简单地说就是有钱的投资者通过P2P贷款平台将自己的资金投资过去，由P2P贷款平台将钱贷款给需要用钱的人或企业。然后投资者获取高额的利息收入，而P2P贷款平台收取少量的收益和管理费。具体来说，P2P有图11-3所示的三种运营模式。

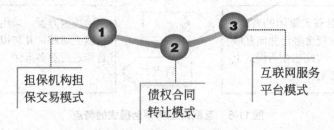

图11-3　P2P的运营模式

1.担保机构担保交易模式

担保机构担保交易模式，是最安全的P2P模式。此类平台作为中介不吸储、不放贷，只提供金融信息服务，由合作的小贷公司和担保机构提供双重担保。比如，有利网、人人贷等。其特点如图11-4所示。

这类平台的交易模式多为"1对多"，即一笔借款需求由多个投资人投资。这种模式也可以保证投资人的资金安全	特点一	另外这类P2P平台还推出了债权转让交易，如果投资人急需用钱，可以通过转卖债权，从而随时把自己账户中的资金取走
	特点二	

图11-4　担保机构担保交易模式的特点

2.债权合同转让模式

债权合同转让模式，典型代表有宜信，也可以称之为"多对多"模式，借款需求和投资都是打散组合的。其特点如图11-5所示。

宜信作为最大债权人将资金出借给借款人，然后获取债权对其分割，通过债权转让形式将债权转移给其他投资人，获得借贷资金	特点一	宜信利用资金和期限的交错配比，不断吸引资金，一边发放贷款获取债权，一边不断将金额与期限的错配，不断进行拆分转让
	特点二	

图11-5　宜信平台模式的特点

3.互联网服务平台模式

大型金融集团推出的互联网服务平台，平安陆金所是此类模式的代表。与其他平台仅仅几百万的注册资金相比，陆金所4亿元的注册资本显得尤其亮眼。这种模式的特点如图11-6所示。

| 特点一 | 此类平台有大集团的背景，且是由传统金融行业向互联网布局，因此在业务模式上金融色彩更浓 |
| 特点二 | 风险控制方面，采用线下的借款人审核，并与担保公司合作进行业务担保 |

图11-6　互联网服务平台模式的特点

微视角

线下审核、全额担保虽然是最靠谱的手段，但成本并非所有的网贷平台都能负担，无法作为行业标配进行推广。

四、P2P的融资流程

P2P网络借贷平台的出现，有其合理性，它规避了借贷双方的"人情往来"，突破了时空的限制，有效地嫁接了借贷关系，提供了民间资本集中流通的平台，使借贷的效率大幅提高。融资流程如图11-7所示。

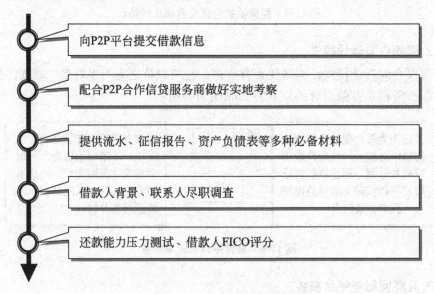

图11-7　P2P的融资流程

五、P2P融资的注意事项

随着网络融资规模的增大，网络融资正成为一股新兴融资力量迅速壮大。中小企业在利用P2P融资时要注意图11-8所示的事项。

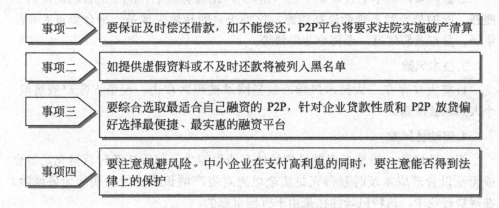

图11-8　P2P融资的注意事项

六、P2P融资的风险

P2P网贷行业自诞生以来便自带"高收益"标签，而高收益往往与高风险如影随形。而不时传出的P2P平台跑路、出现坏账的消息，更是令不少投资者谈之色变。但是，就网贷行业本身而言，到底具体存在哪些风险呢？具体如图11-9所示。

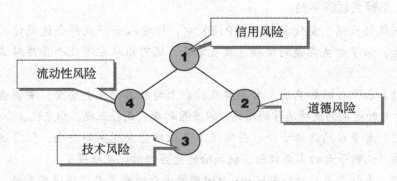

图11-9　P2P网络融资的风险

1.信用风险

相较于国外，由于没有完善、成熟的征信系统，因此国内P2P无法通过征信系统了解借款人的资信情况，进行有效的风险控制与贷后管理，出借人也不能获得平台以及借款人的真实信息。信息不对称问题使得各关系主体承受较大的资金风险，成为信用风险的主要成因。

2. 道德风险

道德风险，简单来说就是平台"跑路"，比如有些平台成立的目的就是为了圈钱，有的是经营不善而选择跑路。这类平台的具体表现是，平台负责人非法集资、发布虚假信息、虚假企业资料等。

3. 技术风险

目前主要存在三大技术风险，包括网站被黑客攻击、投资人账户被盗取、个人隐私被泄露。

4. 流动性风险

流动性风险一般是指金融机构虽然有清偿能力，但无法及时获得充足资金或无法以合理成本及时获得充足资金以应对资产增长或支付到期的债务风险。在网贷行业中，这种风险往往是由于拆标引起的。

相关链接

投资者如何规避P2P融资的风险

P2P网贷作为互联网金融下的一种新兴产物。其低门槛高收益的特点，造就大批理财投资者的青睐，但是高收益的同时必然承担着更大的风险。那么如何能巧妙地规避风险呢？

1. 选择合适的平台

在风起云涌、变化莫测的P2P网贷中，投资人如何找到合适稳健的那一家平台，除了老生常谈的风控、收益率外，还可以从以下几个角度对其进行分析。

（1）看平台的知名度　看品牌在社会上的知名度及美誉度，要调查和了解该企业的近期的成功运作的情况，以及盈利模式是否正规、阳光化、合法化。

（2）看平台的注册资金　虽然说不是注册资金越高越安全，但是注册资金越高，证明平台的实力越强，抗风险的能力相对也就越强了。

（3）看成立平台的公司实力　P2P网贷平台的实力可以通过完善的企业体系得以展现。其中包括良好的经营状况、丰富的企业文化以及合理的公司组织架构。

（4）看平台的成立时间　时间比较久的，说明得到了很多投资者的认可，安全性上也有一定的保障。但在2013年之后上线了大量劣质平台，要慎重考虑。

（5）看平台的服务　P2P网贷平台不同于其他零售服务业的投资，能否提供一套完整的操作流程固然十分重要，后期运营过程中所提供的服务更加重要。

（6）看风险控制能力　P2P平台必须拥有一套相对完善的风险控制的体系，企业通过风控部、审核部的专业把关，确保借贷业务的精准度和成功率。

2.选择合适的投资项目

投资人在面对各种投资项目时该如何选择项目才能更安全、更有保障？具体要求如下。

（1）不要被高收益诱惑盲目投资。

（2）不要投有自融嫌疑的平台的项目。

（3）不要在不了解企业背景的情况下投资项目。

（4）不要投融资金额巨大单个项目。

（5）不要投秒标项目。

第十二章 天使投资

一本书搞懂融资常识

导言

在创业和投资圈，有一种投资人被创业者称为"天使投资人"，意思是这些投资人给处于困难之中的创业者带来希望和帮助，是帮助他们渡过难关的"天使"，这个称谓表达出了创业者对这些天使投资人的崇敬和尊重。

一、天使投资的概念

天使投资（Angel Investment），是权益资本投资的一种形式，是指富有的个人出资协助具有专门技术或独特概念的原创项目或小型初创企业，进行一次性的前期投资。它是风险投资的一种形式，根据天使投资人的投资数量以及对被投资企业可能提供的综合资源进行投资。

二、天使投资的优势

天使投资是一种权益资本投资，是个人出资帮助初创企业创业的一次性前期投资行为，是风险投资的一种形式，对投资人来说主要目的是获得日后的收益，同时可以帮助企业获得发展资金，天使投资也具有很明显的优势。具体如图12-1所示。

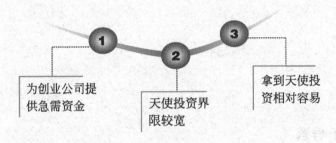

图12-1 天使投资的优势

1.为创业公司提供急需资金

初创公司往往在刚刚开始项目组建团队之时缺乏资金，虽然缺乏资金量不大但却非常关键，大部分的创业公司在开始时准备的资金只够几个月发展，在之后就面临失败的风险。而天使投资正好可以填补空白，为这些创业公司提供关键的资金量，保证企业在开始高速发展时的资金来源。

2.天使投资界限较宽

作为一个天使投资人，会投资关于各行各业的创业企业，而且本身天使投资人也遍布各个行业，吸引他们的是一个公司的潜在成长性和盈利性，对行业并没有特别的限制，但是高新技术行业更能得到青睐。

3.拿到天使投资相对容易

对企业来说，拿到天使投资会比拿到后续VC和PE的投资要简单得多，当企业位于天使投资阶段往往是初创当中，各方面制度还不完善，相关的企业数据和财务报表也不能很好地反映出企业的经营状况，因此众多天使投资人投资关注的是项目的天花板和创始人的品行，这相对于后期严苛的数据报表已经容易了很多。

三、天使投资的劣势

虽然天使投资有上述所示的优势，但也有一定的劣势，具体如图12-2所示。

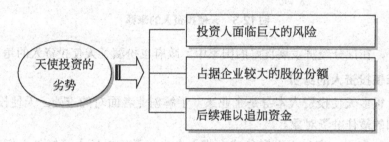

图12-2　天使投资的劣势

1.投资人面临巨大的风险

从目前的天使投资来看，有超过90%最后都以失败而告终，这意味着这些天使投资基金最后都打了水漂，虽然成功的天使投资会带来丰厚的回报，但现阶段怎样避免风险，提高投资成功率是最大的问题。

2.占据企业较大的股份份额

虽然天使投资一般情况下注入的资金量较小而且并不参与企业的经营管理，但是通常情况下天使投资人都会要求较大的股份份额作为回报，这在创业初期可能并不明显，但随着企业的不断发展壮大，天使投资人的较大股份份额会对企业有着较强的控制权，进而影响到企业的发展。

3.后续难以追加资金

为了规避掉风险，天使投资人一般不会在天使基金之后再次追加投资，而少量的天使基金对企业的发展十分有限，并不能很好地帮助企业发展到强大的阶段，如果企业在后续不能拿到VC的投资，很有可能继续造成创业的失败结果。

四、天使投资人

天使投资人又被称为投资天使、商业天使、天使投资者或天使投资家。那些用于投资的资本就叫天使资本。

1.天使投资人的来源

天使投资人主要有三个来源，如图12-3所示。

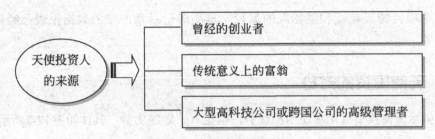

图12-3 天使投资人的来源

此外，在部分经济发展良好的国家中，政府也扮演了天使投资人的角色。

2.天使投资人的身份

（1）很多天使投资人本身是企业家，了解创业者面对的难处。天使投资人是起步公司的最佳融资对象。

（2）他们不一定是百万富翁或高收入人士。天使投资人可能是人们的邻居、家庭成员、朋友、公司伙伴、供货商或任何愿意投资公司的人士。

（3）天使投资人不但可以带来资金，同时也带来联系网络。如果他们是知名人士，也可提高公司的信誉。

3.天使投资人的角色

天使投资往往是一种参与性投资，也被称为增值型投资。

投资后，天使投资人往往积极参与被投企业战略决策和战略设计；为被投企业提供咨询服务；帮助被投企业招聘管理人员；协助公关；设计退出渠道和组织企业退出等。然而，不同的天使投资人对于投资后管理的态度不同。一些天使投资人会积极参与投资后的管理，而另一些天使投资人则不然。

4.天使投资人的级别

天使投资人可分为图12-4所示的三个级别。

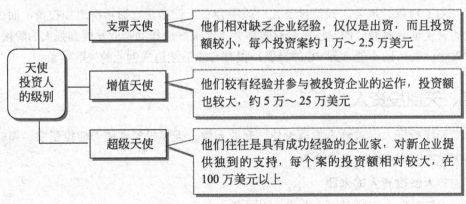

图12-4 天使投资人的级别

五、创业者如何获得天使投资

当你需要融资的时候，天使投资人在你眼里就是真正的"天使"。然而，从天使投资人那里获得资金并没有看上去那么容易。创业者要想获得天使投资，还需注意图12-5所示的事项。

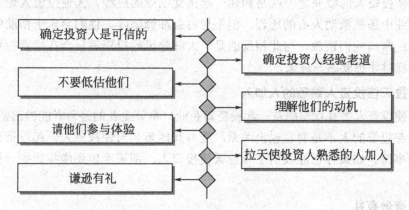

图12-5　获得天使投资的注意事项

1.确定投资人是可信的

可信的是法律措辞，其实就是说有钱到永远不需要计较几个小钱。如果你把股票卖给佛罗里达州随处可见的小老太太，你可能会陷入困境，所以千万别这么干。找一位优秀的企业融资律师，他会告诉你应该怎么寻找投资。

2.确定投资人经验老到

老道的天使投资人对你所从事的行业非常了解，他们应该曾经亲自尝试过，而且取得了一定成绩。没错，你需要的是天使投资人口袋里的钱，但你同样需要他们的专业眼光。如果想在下一轮融得风险资本时，如果你拿出的投资人名单上都是些一知半解的门外汉，那过程可能会很辛苦。

3.不要低估他们

经常听创业者说，我要去找天使投资人，因为这比争取风险投资要容易。如果我每次听到这类话的时候能得到5分钱，现在就衣食无忧了。当你争取天使投资人时，一定要像对待风险投资一样，该做的一样都不能少。天使投资人乐于扮演散财童子的日子已经一去不回了——也许根本从来没有这样过。天使投资人和风险投资一样关心流动性，甚至更紧张，因为他们投的是自己的钱，而且是税后的。

4.理解他们的动机

天使投资人与风险投资公司的最根本不同是，天使投资者有双重底线。他们已经成功了，现在想要回馈社会，帮助新一代创业者。因此，他们有时会乐于投资那些看不清楚、风险更大的项目，以帮助创业者迈上新台阶。我也认识很多不错的风险投资人，但我不知道他们中任何一个人从事这行业是因为想要回馈社会。

5.请他们参与体验

天使投资人的收获之一就是和你一起感受创业的过程。天使投资人想要重新体验创业中那些激动人心的历程，但不想再去冲锋陷阵。他们会乐于帮助你，你也应该经常向他们请教。与此相反的是，大部分风险投资者只会在经营特别好或特别糟糕时才想要参与进来。

6.拉天使投资人熟悉的人加入

天使投资人很喜欢与朋友一起投资新企业，希望企业的经营者能做出些成绩。即使一起投资的人不是朋友也没关系，能与其他著名天使投资人一起投资也是很有趣的事情。如果你已经吸引了一位天使投资人，那说不定还能拉拢到一批圈内人物。

7.谦逊有礼

天使投资人比风险投资者更容易与创业者产生感情。寻求天使投资人帮助的人多半还没法证实自己能赚钱，那就千万别让人觉得你像个傻瓜。直到你能赚到大钱之前，最好保持谦逊有礼的态度，当然我希望即使你赚钱后也能保持，谦逊并不会影响别人对你的尊重。

相关链接

如何获得天使投资人的青睐？

1.你将面临许多次拒绝

天使投资人能够找到上千个理由来回绝你，而如果想让他们对你进行投资，你则需要做对很多的事情。

无论天使投资人是对你进行了投资还是拒绝了你，你都不应该让这个结果左右你的情绪，因为即使世界上最好的创意，也有可能被其他人拒绝，而且通常是就差最后一步的时候被拒绝。你要不断地寻找天使投资人，直到自己获得了资金为止。

2.你应该了解他们想要什么

天使投资人通常情况下都在寻找两个东西：他们非常喜欢优秀的团队，并且坚信团队是成功的保障；另外他们相信领域和对产品的愿景。你应该确保自己能够找到这样的天使投资人，而不是那些企图获得公司控制权的天使投资人。

3.你应该在融资初期就做好准备

我们的投资人中有很多天使投资人。在成功完成融资之后我们发现，天使投资人喜欢那些事前做好所有准备的创业者。

如果你能够在接触天使投资人之前就准备好各种财务信息和企业运营方面的数字，那么你就能更快地敲定融资。

4.让投资人为你介绍其他人

天使投资人的工作不只是给你提供资金，他们还应该为你提供帮助和其他资源。你应该让投资人为你介绍其他的创业者，尤其是他们曾经投资过的创业者，这一点非常重要。

而且你应该专注于找到那些失败了或是企业发展没有达到预期的企业创始人，你要向他们询问，当他们遇到困难的时候，这个天使投资人是否为他们提供了足够的帮助。

5.天使投资人的网络并没有那么吓人

一提到天使投资人网络，很多人就会想到许多难以满足的投资人，他们有着各自的想法，见过无数的创业者，也拒绝过无数的创业者。很多人认为他们难以接近。但是说白了，当你在和天使投资人会面的时候，你所做的就是打动受众而已。

6.了解自己的数字

你要了解自己需要融资多少钱，以及你自己的估值。你还要了解你为何需要这些资金，以及你预期自己何时能够达到收支平衡。

你要对自己的盈利模式非常清晰，并且尝试自己先找到漏洞。这样做的好处是，当你在面对投资人的时候，你已经做好了一切准备，在投资人眼中你将变得更加可信、可靠。

7.你得到的不止是金钱，还有帮助

当你从天使投资人那里获得投资的时候，你应该记得你所获得的不仅仅是金钱。你要知道，大多数天使投资人以前都曾经是创业者。

在选择天使投资人的时候，你应该先弄清自己想要得到谁的帮助。热情的天使投资人愿意为你提供帮助和指导，让你的企业能够不断向前发展。

8.沟通是关键

投资人就像客户，融资就像是销售。每个投资人都需要培养和跟进，就像将产品销售给客户一样。在融资之前、期间和之后你都需要与投资人进行有效的沟通和交流，这样做能够培养投资人对你的信心。

9. 分享你的愿景

天使投资人看重的并不是你的工作，而是你进行这项工作的原因和方式。你应该向他们详细解释你为何在进行这项工作。

当然，你还要有一个不错的计划来支持你的愿景。

10. 注意天使投资人的行业经验

每个天使投资人都有自己擅长的领域，你应该留心他们的行业经验。他们更愿意投资的企业，是那些处于他们自己曾经取得过成功的领域的公司。

11. 取得个人联系

天使投资人拥有资金和经验。但是他们是不是优秀的伙伴？很多企业都不注重与天使投资人进行私下的接触，从而使这些创业者根本不了解他们的投资人。

你将与天使投资人一同工作，因此你们之间必须合得来。你能不能跟一个非常不喜欢的人一起工作？

12. 诚实非常重要

你要对潜在投资人诚实，也要对自己诚实，不要为了得到资金而掩饰什么。另外，要诚实地告知投资人你的企业的估值，很多创业者都会为了得到投资而刻意抬高自己企业的估值。

参考文献

[1] 袁琳.中小企业融资的八大原则.散文吧网，2016-08-23.
[2] 佚名.债权融资与股权融资的区别.人人天使网，2016-02-25.
[3] 佚名.企业各个阶段融资策略解析.搜狐网，2017-01-20.
[4] 佚名.中小企业融资存在的问题及原因.搜钱网，2015-04-29.
[5] 佚名.中小企业融资难的原因及解决对策.中华会计网校网，2010-09-13.
[6] 李润民.中小企业融资特点及策略.合作经济与科技，2012-7-27.
[7] 佚名.投融界技巧：企业融资如何寻找匹配的投资人.投融界，2014-07-11.
[8] 佚名.创业者如何选择投资人.搜钱网，2015-01-20.
[9] 佚名.手握创业融资六秘诀 寻找投资人不用愁.东方财富网，2015-02-27.
[10] 佚名.如何做一场让投资人无法拒绝的融资路演.搜狐网，2016-01-07.
[11] 佚名.中小企业融资谈判策略.学聚网，2015-08-06.
[12] 佚名.企业申请需要具备的四个基本条件.摩尔龙网，2015-08-11.
[13] 佚名.我国中小企业融资担保体系存在的问题与对策.应届毕业生网，2016-12-01.
[14] 佚名.债券融资的相关介绍.会计网，2014-04-11.
[15] 佚名.企业如何进行债券融资.会计网，2014-04-14.
[16] 佚名.中小企业如何进行债券融资.学习啦，2016-07-27.
[17] 郑琼.中小企业融资租赁的意义.中国经济网，2012-06-18.
[18] 佚名.解读融资租赁的十六种业务模式.中投在线网，2016-01-05.
[19] 佚名.『干货』融资租赁项目操作流程（史上最全整理版）.纳税服务网，2015-10-13.
[20] 赵思琪,李瑞芝.融资租赁的四大风险及五大对策.中国物流产业网，2015-09-22.
[21] 佚名.快速熟悉融资租赁业务流程.搜狐网，2017-03-17.
[22] 张磊,陈璐.风险管理关键走"四步".中国典当融资新闻网，2016-12-02.

[23] 马喜秋.典当融资的策略.新浪网,2016-05-27.
[24] 佚名.浅析私募股权融资的利与弊.众筹之家,2015-12-28.
[25] 佚名.一张图揭秘私募股权融资的具体流程.搜狐网,2016-05-04.
[26] 佚名.创业者如何获得天使投资.投融界,2014-10-27.
[27] 佚名.教你如何获得天使投资人的青睐.投融界,2015-07-23.